パワハラのグレーゾーン

－裁判例・指針にみる境界事例－

著 山浦 美紀（弁護士）

JN125154

新日本法規

は　し　が　き

　セクハラとパワハラの大きな違いは何でしょうか？

　それは、セクハラは「業務に全く必要ではない」という性質のもので、他方で、パワハラは「業務の延長線上で不可避的に発生する性質のものである」という違いです。

　セクハラは、その発生を防止しようと思えば、職場内で性的な言動を一切やめればよいのです。そもそも、性的な冗談やコミュニケーションは、業務遂行のためには、不要なことであり、「迷ったら、性的なことは言わない、他人の身体を触らない」を徹底すればよいのです。

　しかし、パワハラを防止するために、上司が職場内で、注意・指導を一切やめて口をつぐんでしまったら業務が進みません。上司が、部下を注意・指導することは、業務の一環であるからです。

　パワハラは、セクハラと異なり、どこまでがセーフのゾーンに入っている正当な注意・指導なのか、どこからがアウトのゾーンに入っているハラスメントであるのか、非常に分かりづらいところがあります。

　つまり、グレーゾーンの判断に迷うというのがパワハラの実体なのです。

　本書では、いわゆるパワハラ指針及びパワハラ運用通達を参考とし、累積する過去の多数の裁判例も引用しつつ、グレーゾーンの判断に役立つ事例を紹介しています。

本書の草稿作成中、新日本法規出版の出版企画局内にて、同社の宇野貴普氏が、本書に掲げる各事例のグレーゾーン度につき、実際、同社の従業員の方々がどのように捉えるかのアンケートを実施してくださいました。「身体的な攻撃」については、パワハラに該当するか否かにつきアンケート結果はさほど分かれませんでした。しかし、その他の類型のパワハラについては、アンケート結果が分かれる傾向にありました。グレーゾーン事案については、実際にはパワハラに該当するのに、そうではないとの誤認があった場合、その誤認が自身に降りかかるリスクとして残されるわけです。

　そのような誤認をなくすべく、本書を皆様の円滑な業務の遂行にお役立ていただければ幸いです。

　令和5年5月

弁護士　　山浦　美紀

執 筆 者 紹 介

弁護士 **山浦　美紀**（鳩谷・別城・山浦法律事務所）

［経　歴］
平成12年　大阪大学法学部卒業

平成13年　司法試験合格

平成14年　大阪大学大学院法学研究科修士課程修了（法学修士）

平成15年　弁護士登録とともに北浜法律事務所入所

平成25年　北浜法律事務所・外国法共同事業退所

平成26年　鳩谷・別城・山浦法律事務所に参加

現　　在　鳩谷・別城・山浦法律事務所パートナー弁護士

〔公　職〕
大阪大学大学院高等司法研究科客員教授

大阪大学法学部非常勤講師

元大阪地方裁判所民事調停官

［主な著作］
『裁判例・指針から読み解く　ハラスメント該当性の判断』（共著）
　（新日本法規出版、2021）

『最新　同一労働同一賃金　27の実務ポイント－令和3年4月完全施
　行対応－』（共著）（新日本法規出版、2021）

『実務家・企業担当者のためのハラスメント対応マニュアル』（共著）
　（新日本法規出版、2020）

『Q＆A　同一労働同一賃金のポイント－判例・ガイドラインに基づ
　く実務対応－』（共著）（新日本法規出版、2019）

『女性活躍推進法・改正育児介護休業法対応　女性社員の労務相談
　ハンドブック』（共著）（新日本法規出版、2017）

『Q＆A　有期契約労働者の無期転換ルール』（共著）（新日本法規出
　版、2017）

『人事労務規程のポイント－モデル条項とトラブル事例－』（共著）
　（新日本法規出版、2016）

略　語　表

＜法令等の表記＞

　根拠となる法令等の略称は次のとおりです。

パワハラ防止法	令和元年法律24号による改正後の「労働施策の総合的な推進並びに労働者の雇用の安定及び職業生活の充実等に関する法律」（昭和41年法律132号）
パワハラ指針	事業主が職場における優越的な関係を背景とした言動に起因する問題に関して雇用管理上講ずべき措置等についての指針（令和2年厚生労働省告示5号）
パワハラ運用通達	労働施策の総合的な推進並びに労働者の雇用の安定及び職業生活の充実等に関する法律第8章の規定等の運用について（令和2年2月10日雇均発0210第1号）
セクハラ指針	事業主が職場における性的な言動に起因する問題に関して雇用管理上講ずべき措置等についての指針（平成18年厚生労働省告示615号）
男女雇用機会均等法	雇用の分野における男女の均等な機会及び待遇の確保等に関する法律（昭和47年法律113号）
男女雇用機会均等法施行通達	改正雇用の分野における男女の均等な機会及び待遇の確保等に関する法律の施行について（平成18年10月11日雇児発1011002号）

＜判例の表記＞

　根拠となる判例の略記例及び出典の略称は次のとおりです。

　東京高裁令和3年5月27日判決、労働判例1254号5頁
　＝東京高判令3・5・27労判1254・5

判時	判例時報	労経速	労働経済判例速報
判タ	判例タイムズ	労判	労働判例

目　次

第1章　はじめに

第2章　グレーゾーン行為

1　身体的な攻撃

3　人間関係からの切り離し

4　過大な要求

5　過小な要求

6　個の侵害

付　録

第 1 章

はじめに

2

1　パワハラに関する近年の法改正の動向は

　パワハラに関する近年の法改正に伴い、企業として対応すべきことは多くあります。

　では、具体的に、企業はどのような対応をしなければならないのでしょうか。

　企業がパワハラに対して対応すべきことについて、大きく言えば、①相談窓口の設置、②規定の整備、③研修等の啓発活動といったことが挙げられます。令和2年6月施行の法改正（令和元年法律24号）による新設・変更点の概略は以下のとおりです。

　(1)　パワハラに関する措置義務の新設

　セクハラ・マタハラと並び、パワハラに関する雇用管理上の措置義務（事業主が対応するべき義務化された措置）も法律により規定されました。

〔措置義務の内容〕

①　事業主の方針等の明確化及びその周知・啓発

　→具体的には、就業規則・ハラスメント防止規程・懲戒規定の整備、研修の実施、社内報等での周知等が考えられます。

②　相談（苦情を含みます。）に応じ、適切に対応するために必要な体制の整備

　→具体的には、ハラスメント相談窓口の設置・相談対応者への研修・社内報での周知等が考えられます。

③　職場におけるハラスメントへの事後の迅速かつ適切な対応

　→具体的には、事案発生時の体制整備やマニュアル作成、相談者のメンタルヘルス不調への対応等が考えられます。

④　ハラスメントの原因や背景となる要因を解消するための措置

→具体的には、業務の効率化や業務分担の見直し、代替要員の確保
や研修・セミナーの実施が考えられます。

⑤　上記①〜③の措置と併せて講ずべき措置

→相談者のプライバシー確保や不利益取扱いの禁止についての周知
徹底のための研修やセミナーの実施が考えられます。

(2)　パワハラの定義の新設

雇用管理上の措置義務の対象となる言動を画するための定義とし
て、パワハラの定義が新設されました（パワハラ防止法30条の2第1項）。

すなわち、パワハラとは「職場において行われる優越的な関係を背
景とした言動であつて、業務上必要かつ相当な範囲を超えたものによ
りその雇用する労働者の就業環境が害される」ものと規定されていま
す。

そして、パワハラ指針2(1)では、この定義を3つの要素に分け（①優
越的な関係を背景とした言動、②業務上必要かつ相当な範囲を超えた
言動、③就業環境を害すること）、その3つの要素を全て満たすものが
パワハラとされています。なお、この3要素については、「**3　パワハ
ラ該当性の判断基準は**」を参照してください。

(3)　パワハラを相談したこと等を理由とする不利益取扱いの禁止

パワハラについて相談したこと等を理由として、事業主が不利益取
扱いをすることが禁止されました（パワハラ防止法30条の2第2項・30条の5
第2項・30条の6第2項）。

(4)　外部からの又は外部へのパワハラへの対応強化

いわゆる「カスタマーハラスメント」といった、企業の外部からの

パワハラについては、法令上の措置義務の対象ではありませんが、パワハラ指針7では、事業主が行うことが望ましい取組（相談体制の整備等）に言及されています。

　また、企業の外部へのハラスメントも、法令上の措置義務の対象ではありませんが、パワハラ指針6に、必要に応じて適切な対応をすることが望ましいとの言及があります。

コラム　カスタマーハラスメント

　カスタマーハラスメント（カスハラ）への対応は、上記の法改正でも、措置義務の対象とはされませんでした。しかし、企業が対応をすべき喫緊の課題ではないでしょうか。

　カスハラを放置すれば、被害者となった従業員のメンタルヘルスを保つことができませんし、退職者が増え、人員不足に陥ることもあります。

　カスハラ対応を現場の従業員任せにするのではなく、まず、その防止のための研修を行い、各従業員に、受け入れてもよい「顧客サービス」と「カスハラ」の相違を周知することが大切でしょう。例えば、「謝罪しろ」と顧客に言われて「土下座はしなくてよい」「自宅まで赴く必要はない」等、「顧客サービス」と「カスハラ」の限界点を明確に周知することにより、各従業員が安心して働ける環境を整えることができます。また、事案が発生した場合も、上司や同僚に相談しやすい環境を整え、従業員一人だけで対応しなければならない状況を回避することも必要です。

　厚生労働省のホームページでは、「カスタマーハラスメント対策」のマニュアル・リーフレット・ポスターが紹介されていますので、これらを活用するのもよいでしょう。

2　パワハラの「6類型」とは

　パワハラ指針では、パワハラの代表的な言動を6つの類型として、「身体的な攻撃」「精神的な攻撃」「人間関係からの切り離し」「過大な要求」「過小な要求」「個の侵害」を示しています。

　この「6類型」は、パワハラの該当性を判断するに当たって、どのような意味を持つのでしょうか。

　6類型は、パワハラの代表的・典型的な事例を挙げたものですので、ハラスメント該当性の判断に当たって参考にはなります。

　ただし、パワハラは、個別の事案によって判断が異なりますし、6類型は限定列挙ではない（6類型に列挙されているものがパワハラに限定されるというわけではない）ため、これらに該当しなくてもパワハラに該当する場合がありますので注意が必要です。

　(1)　パワハラの「6類型」とは

　パワハラ指針2(7)において、パワハラの代表的な例として挙げられている6類型には、以下のものがあります。

①　身体的な攻撃（暴行・脅迫）

②　精神的な攻撃（脅迫・名誉毀損・侮辱・ひどい暴言）

③　人間関係からの切り離し（隔離・仲間外し・無視）

④　過大な要求（業務上明らかに不要なことや遂行不可能なことの強制・仕事の妨害）

⑤　過小な要求（業務上の合理性なく能力や経験とかけ離れた程度の低い仕事を命じることや仕事を与えないこと）

⑥　個の侵害（私的なことに過度に立ち入ること）

(2)　6類型のそれぞれの該当例と非該当例

そして、パワハラ指針2(7)では、6類型それぞれについて、次のように、該当すると考えられる例・該当しないと考えられる例が挙げられています。

① 　身体的な攻撃（暴行・傷害）

　〔該当すると考えられる例〕

　　㋐　殴打、足蹴りを行うこと。

　　㋑　相手に物を投げつけること。

　〔該当しないと考えられる例〕

　　㋐　誤ってぶつかること。

② 　精神的な攻撃（脅迫・名誉毀損・侮辱・ひどい暴言）

　〔該当すると考えられる例〕

　　㋐　人格を否定するような言動を行うこと。相手の性的指向・性自認に関する侮辱的な言動を行うことを含む。

　　㋑　業務の遂行に関する必要以上に長時間にわたる厳しい叱責を繰り返し行うこと。

　　㋒　他の労働者の面前における大声での威圧的な叱責を繰り返し行うこと。

　　㋓　相手の能力を否定し、罵倒するような内容の電子メール等を当該相手を含む複数の労働者宛てに送信すること。

　〔該当しないと考えられる例〕

　　㋐　遅刻など社会的ルールを欠いた言動が見られ、再三注意してもそれが改善されない労働者に対して一定程度強く注意をすること。

　　㋑　その企業の業務の内容や性質等に照らして重大な問題行動を行った労働者に対して、一定程度強く注意をすること。

③　人間関係からの切り離し（隔離・仲間外し・無視）

　〔該当すると考えられる例〕

　　㋐　自身の意に沿わない労働者に対して、仕事を外し、長期間に

　　　わたり、別室に隔離したり、自宅研修させたりすること。

　　㋑　一人の労働者に対して同僚が集団で無視をし、職場で孤立さ

　　　せること。

　〔該当しないと考えられる例〕

　　㋐　新規に採用した労働者を育成するために短期間集中的に別室

　　　で研修等の教育を実施すること。

　　㋑　懲戒規定に基づき処分を受けた労働者に対し、通常の業務に

　　　復帰させるために、その前に、一時的に別室で必要な研修を受

　　　けさせること。

④　過大な要求（業務上明らかに不要なことや遂行不可能なことの強

　制・仕事の妨害）

　〔該当すると考えられる例〕

　　㋐　長期間にわたる、肉体的苦痛を伴う過酷な環境下での勤務に

　　　直接関係のない作業を命ずること。

　　㋑　新卒採用者に対し、必要な教育を行わないまま到底対応でき

　　　ないレベルの業績目標を課し、達成できなかったことに対し厳

　　　しく叱責すること。

　　㋒　労働者に業務とは関係のない私的な雑用の処理を強制的に行

　　　わせること。

　〔該当しないと考えられる例〕

　　㋐　労働者を育成するために現状よりも少し高いレベルの業務を

　　　任せること。

　　㋑　業務の繁忙期に、業務上の必要性から、当該業務の担当者に

通常時よりも一定程度多い業務の処理を任せること。

⑤　過小な要求（業務上の合理性なく能力や経験とかけ離れた程度の低い仕事を命じることや仕事を与えないこと）

〔該当すると考えられる例〕

⑦　管理職である労働者を退職させるため、誰でも遂行可能な業務を行わせること。

④　気にいらない労働者に対して嫌がらせのために仕事を与えないこと。

〔該当しないと考えられる例〕

⑦　労働者の能力に応じて、一定程度業務内容や業務量を軽減すること。

⑥　個の侵害（私的なことに過度に立ち入ること）

〔該当すると考えられる例〕

⑦　労働者を職場外でも継続的に監視したり、私物の写真撮影をしたりすること。

④　労働者の性的指向・性自認や病歴、不妊治療等の機微な個人情報について、当該労働者の了解を得ずに他の労働者に暴露すること。

〔該当しないと考えられる例〕

⑦　労働者への配慮を目的として、労働者の家族の状況等についてヒアリングを行うこと。

④　労働者の了解を得て、当該労働者の性的指向・性自認や病歴、不妊治療等の機微な個人情報について、必要な範囲で人事労務部門の担当者に伝達し、配慮を促すこと。

(3)　6類型の活用の際の注意点

上記のとおり、6類型は、パワハラの代表的・典型的な事例を挙げた

ものであるため、パワハラ該当性の判断に当たって参考になります。

　しかし、パワハラ指針2(7)にも注意書きされているように、該当すると考えられる例・該当しないと考えられる例には、「行為者と当該言動を受ける労働者の関係性」が個別に記載されていないため、別途「優越的な関係を背景として」なされたものであるかを個別に判断する必要があります。

　また、同様にパワハラ指針2(7)にも指摘があるように、個別の事案の状況等によって判断が異なる場合もあり得ることや、6類型が限定列挙ではないため、6類型に該当しない事案であってもパワハラ該当性が認められる事案があります。

　第2章では、この6類型に分類しながら解説していますが、パワハラ該当性の判断に当たっては、上記の注意点に十分留意してください。

3　パワハラ該当性の判断基準は

　パワハラに関する雇用管理上の措置義務の対象となるパワハラ該当性を判断するポイントはどこにあるのでしょうか。

　措置義務の対象となるパワハラとは、①優越的な関係を背景とした、②業務上必要かつ相当な範囲を超える、③労働者の就業環境を害するという3つの要素を全て満たすものです。

　これらの3つの要素を満たすか否かの判断に当たっては、パワハラ指針やパワハラ運用通達に解釈が記載されているので、参考になります。

　(1)　パワハラと注意指導の区別

　措置義務の対象となるパワハラとは「職場において行われる優越的

な関係を背景とした言動であつて、業務上必要かつ相当な範囲を超えたものによりその雇用する労働者の就業環境が害される」ものと規定されています（パワハラ防止法30条の2第1項）。

パワハラ指針2(1)では、この定義を3つの要素に分け（①優越的な関係を背景とした言動、②業務上必要かつ相当な範囲を超えた言動、③就業環境を害すること）、その3つの要素を全て満たすものがパワハラとされています。

なお、パワハラ指針2(1)において、パワハラと適切な指導を区別する意味合いで、「客観的にみて、業務上必要かつ相当な範囲で行われる適正な業務指示や指導については、職場におけるパワーハラスメントには該当しない」と付記されていることにも注目する必要があります。

(2)　「職場」とは

パワハラ指針2(2)では、職場のパワーハラスメントにいう「職場」については、「事業主が雇用する労働者が業務を遂行する場所を指し、当該労働者が通常就業している場所以外の場所であっても、当該労働者が業務を遂行する場所については、『職場』に含まれる」とされています。

みなさんが普段働いているオフィス内はもちろんのこと、通常就業している場所以外の場所で職場に含まれる場所として、パワハラ運用通達第1・1(3)イ①では、「出張先、業務で使用する車中及び取引先との打ち合わせの場所等」を挙げています。

よくハラスメントが問題となる場所として、勤務時間外の飲み会の席などがあります。これについて、パワハラ運用通達第1・1(3)イ①は、「勤務時間外の『懇親の場』、社員寮や通勤中等であっても、実質上職務の延長と考えられるものは職場に該当する。その判断に当たって

は、職務との関連性、参加者、参加や対応が強制的か任意か等を考慮して個別に行うものであること。」としています。

(3)　パワハラの被害者になり得る「労働者」とは

パワハラ指針2(3)では、パワハラの被害者になり得る「労働者」は、いわゆる正規雇用労働者のみならず、パートタイム労働者、契約社員等のいわゆる非正規雇用労働者を含むとしています。

また、派遣労働者についても、その雇用する労働者と同様に、派遣先が措置義務の講ずる対象となる労働者となります。裁判例では、ハラスメントの被害者が、非正規雇用の労働者である事案もよくみられます。非正規雇用の労働者が多い職場においては、過去の裁判例も参考とし、非正規雇用の労働者に対するハラスメント防止にも留意する必要があるでしょう。

(4)　3要素の検討に当たっては

ア　「優越的な関係を背景にした」とは

パワハラといえば、上司部下といった「上下関係」で発生するものと考えがちですが、措置義務の対象となるパワハラの定義にいう「優越的な関係」については、パワハラ指針2(4)によれば、同僚同士や部下から上司に対する言動も、「優越的な関係を背景とした」言動として評価されることに注意が必要です。

部下であっても、上司より、知識や経験が豊富な者もいるでしょう。特に最近は、IT技術の発達により、ITに詳しい若い部下に、上司が業務上の助言を受けることもあるでしょう。そのような部下の協力なしに業務が行えない場合には、部下から上司に対し、「優越的な関係」を背景とした言動が行われることもあり得ます。

また、同僚や部下が集団で行動し、それに対し、抵抗や拒絶できな

い場合（いわば「集団いじめ」のようなケース）も、「優越的な関係を背景とした」と言い得るでしょう。

　　イ　「業務上必要かつ相当な範囲を超えた」とは

　パワハラ指針2(5)では、「業務上必要かつ相当な範囲を超えた」とは、社会通念に照らし、当該言動が明らかに当該事業主の業務上必要性がない、又はその態様が相当ではないものを指すとされ、その例として、以下のような言動が挙げられています。

① 業務上明らかに必要性のない言動

② 業務の目的を大きく逸脱した言動

③ 業務を遂行するための手段として不適当な言動

④ 当該行為の回数、行為者の数等その態様や手段が社会通念に照らして許容される範囲を超える言動

　とはいえ、労働者が業務上ミスをした等の問題があり、上司が指導や注意をせねばならない場面もあるでしょう。そういった場面でも、パワハラ運用通達第1・1(3)イ⑤では、「労働者に問題行動があった場合であっても、人格を否定するような言動など業務上必要かつ相当な範囲を超えた言動がなされれば、当然職場におけるパワーハラスメントに当たり得る」とされていることに注意を要します。例えば、注意指導の範囲を超えて、「給料泥棒」等の人格否定発言を行った場合には、これに該当すると考えられます。

　　ウ　「労働者の就業環境が害される」とは

　パワハラにいう「労働者の就業環境が害される」とは、「平均的な労働者の感じ方」を基準とする（パワハラ指針2(6)）、すなわち、「社会一般の労働者が、同様の状況で当該言動を受けた場合に、就業する上で看過できない程度の支障が生じたと感じるような言動であるかどうか」を基準とする（パワハラ運用通達第1・1(3)イ⑥）といわれています。

　他方で、セクハラにいう「就業環境を害される」の判断に当たっては、「平均的な女性（男性）労働者」の感じ方」を基準としつつも、「労働者が明確に意に反することを示しているにもかかわらず、さらに行われる性的言動は、職場におけるセクシュアルハラスメントと解され得る」（男女雇用機会均等法施行通達第3・1⑶イ⑥）として、労働者の主観に注目することが言及されています。

　このことから、パワハラにいう「労働者の就業環境が害される」の判断は労働者の主観により判断するのではなく、客観的になされるものであることが分かります。

第 2 章

グレーゾーン行為

16

1　身体的な攻撃

> | Case 1 | 火気厳禁の工場内でたばこを吸い、火災を引き起こしそうな部下のたばこを取り上げ、危険の大きさを分かってもらうため、平手で頬を叩いた |
>
> 火気厳禁の工場内で、たばこを吸うといった火災を引き起こすおそれのある行為をしている部下がいたので、急いでたばこを取り上げ、危険の大きさを分かってもらうための注意指導として、平手で頬を数回叩いた（いわゆる往復ビンタをした）のですが、パワハラに該当するでしょうか。

専門家の眼

　たばこを取り上げる行為は危険を回避するためにやむを得ずした行為でありパワハラには該当するとは言い難いですが、平手で頬を数回叩いた行為は、注意指導の範囲を超え、雇用管理上の措置義務の対象となるパワハラに該当するといえます。

★　「身体的な攻撃」に該当するか

　「たばこを取り上げる行為」と「平手で頬を数回叩いた行為（いわゆる往復ビンタ）」は、パワハラの6類型のうち、「身体的な攻撃（暴行）」に該当するかどうかが問題となる行為です。

　他方で、部下は、火気厳禁の工場内において「たばこを吸う」といった火災を引き起こすおそれのある大変危険な行為をしており、これを止める必要があります。

　さて、この上司の2つの行為は、注意指導の範疇に属するのか、それとも行き過ぎたパワハラであるかどうかが問題となります。

　具体的には、パワハラの定義のうち、「業務上必要かつ相当な範囲を超えた」言動かどうか、「労働者の就業環境が害される」言動かどうかという問題となります。

✒　「業務上必要かつ相当な範囲を超えた」言動かどうか

　本事例のように、部下の行動が問題となる場合について、パワハラ指針2(5)においては、「個別の事案における労働者の行動が問題となる場合は、その内容・程度とそれに対する指導の態様等の相対的な関係性が重要な要素となることについても留意が必要である」とされています。

　(1)　たばこを取り上げる行為

　本事例においては、部下の行動は大変危険を伴う行為であり、すぐさまたばこを吸うことをやめさせる必要があります。

　口頭で「ここでたばこを吸うのをやめなさい」と注意することで足り、「たばこを取り上げる」という行動は行き過ぎとも考えられますが、火気厳禁の工場内においては火災の発生の危険の回避のため、上司の「たばこを取り上げる」という行動は、まさに、業務上必要であり、危険な行為をすぐさまやめさせるという目的に合致した行動といえます。

　したがって、「たばこを取り上げる」行為については、「業務上必要かつ相当な範囲を超えた」言動とは言い難いと判断されます。

(2)　平手で頬を数回叩く行為（いわゆる往復ビンタ）

　部下は、火気厳禁の工場内においてたばこを吸うという大変危険な行為をしていますが、「たばこを取り上げた」時点で、危険は避けられており、それ以上の注意指導として、「平手で頬を数回叩く」という行為は業務上必要性のない行動です。

✦　「労働者の就業環境が害される」言動かどうか

　「労働者の就業環境が害される」言動かどうかは、「平均的な労働者の感じ方」を基準に判断されます。

　また、パワハラ運用通達第1・1(3)イ⑥によれば、「言動の頻度や継続性は考慮されるが、強い身体的又は精神的苦痛を与える態様の言動の場合には、一回でも就業環境を害する場合があり得る」とされています。

　「頬を平手で数回叩く行為（いわゆる往復ビンタ）」は、「平均的な労働者の感じ方」からすれば、部下に強い身体的苦痛を与える言動であり、一度きりの行動であっても、「労働者の就業環境が害される」言動といえます。

　いくら部下が火災を引き起こすおそれのある危険な行為をしたとしても、このような暴行に該当する行為は、「身体的な攻撃」であり、パワハラに該当するといえます。

部下から提出された報告書の出来が悪かった
ことから、部下に当たらないように注意しつつ、
報告書を部下に投げつけて返した

　きちんと資料を参照せずに、いい加減な報告書ばかり提出して
くる部下がいます。今まで何度も口頭で注意指導を繰り返してき
ましたが、一向に改善される様子がありません。今回提出された
報告書もかなり出来の悪いものでしたので、部下に気持ちを引き
締めてもらうため、部下に当たらないように注意しつつ、提出さ
れた報告書を部下に投げつけて返しましたが、これはパワハラに
なるのでしょうか。

専門家の眼

　報告書を投げつける行為は、業務上必要な注意指導の範囲を超え、
雇用管理上の措置義務の対象となるパワハラに該当するといえます。

★　「身体的な攻撃」に該当するか

　何度も口頭で注意指導をしても改善が見られない部下に対して、一
定程度強く注意指導をすることは、理解ができます。
　本事例は、「報告書を投げつけた」行為がパワハラ指針の6類型の「身
体的な攻撃」に該当するかが問題となるものですが、被害者側にも問
題がある場合の注意指導の方法については、パワハラ6類型のうちの
「精神的な攻撃」に該当しないと考えられる例が参考になります。パ

ワハラ指針2(7)ロ(ロ)では、「精神的な攻撃」に該当しないと考えられる例として、

①　遅刻など社会的ルールを欠いた言動が見られ、再三注意してもそれが改善されない労働者に対して一定程度強く注意をすること

②　その企業の業務の内容や性質等に照らして重大な問題行動を行った労働者に対して、一定程度強く注意をすること

が挙げられており、これらはパワハラに該当しないとされています。

　ところで、ここにいう「一定程度強く注意をすること」はあくまで口頭での注意指導を指しています。

　被害者側に問題となる行動があったとしても、このような口頭での注意指導を超えて、本事例における上司の「報告書を投げつける」行為が、注意指導の範疇に属するのか、それとも行き過ぎたパワハラであるかどうかが問題となります。

　具体的には、パワハラの定義のうち、「業務上必要かつ相当な範囲を超えた」言動かどうかが問題となります。

✒　「業務上必要かつ相当な範囲を超えた」言動かどうか

　本事例のように、部下の行動が問題となる場合について、パワハラ指針2(5)においては、「個別の事案における労働者の行動が問題となる場合は、その内容・程度とそれに対する指導の態様等の相対的な関係性が重要な要素となることについても留意が必要である」とされています。

　本事例においては、部下の報告書の出来の悪さは、火災を引き起こすだとか、身体に危険が差し迫っているような行為ではありません。火気厳禁の工場内で、たばこを吸うことをすぐさまやめさせるような状況とは場面が全く異なります。

　したがって、感情に任せて、提出された報告書を投げつけることは、業務上必要でもありませんし、相当な範囲を超えた言動として、パワハラに該当するといえます。

　本事例では、上司は、部下に当たらないように注意しつつ報告書を投げつけていますが、部下のいる方向に向かって報告書を投げた場合、部下の身体に当たらないとも限りません。報告書を部下の身体付近に投げつけた場合には、パワハラ6類型のうち「身体的な攻撃」に該当することとなります。他方、部下の身体の方向ではなく、誰もいないような方向に報告書を見せしめのように投げつける行為であった場合には、「精神的な攻撃」として、やはりパワハラに該当するものと考えられます。

　そして、投げつけるのを超えて、さらに「報告書をゴミ箱に捨てる」とか「報告書をバラバラに破る」などという行為に及べば、さらに「相当な範囲を超えた言動」に該当する要素は大きくなり、これらの行為もパワハラ（ただし、「精神的な攻撃」）に該当するといえます。

Case
3
就業中に居眠りをしている部下を気付かせる
ため、部下の椅子を足で蹴って起こした

　部下の就業中の態度が普段からとても悪く、机に寝そべったり、椅子にもたれかかったりして、職場の雰囲気までも悪くなっています。その部下が就業中に居眠りをしていたため、椅子を強く蹴って起こし、「もっときちんとした姿勢で仕事をしなさい」と注意しました。このように部下本人の身体ではなく、椅子を蹴って注意したわけなのですが、パワハラに該当するのでしょうか。

専門家の眼

　居眠りをする部下を起こすために椅子を強く蹴る行為は、業務上必要な注意指導の範囲を超え、雇用管理上の措置義務の対象となるパワハラに該当するといえます。ただ、例えば、居眠りをしている部下がふと気付く程度に、1回だけ、軽く椅子に足がコツッと当たる程度であれば、パワハラとまではいえないですが、パワハラであると疑念を抱かせるおそれがあるので、注意指導としてはいずれにしろ「蹴る」という行為は控えた方がよいでしょう。

★　「身体的な攻撃」に該当するか

　机に寝そべったり、椅子にもたれかかったりして、普段から業務態度の悪い部下に対して、姿勢を正すように、注意指導することは、上司の行動として理解ができる行為です。

　さて、本事例の上司が「もっときちんとした姿勢で仕事をしなさい」などと口頭で注意するという行為を超えて、「椅子を強く蹴って起こす」行為は、注意指導の範疇に属するのか、それとも行き過ぎたパワハラであるかどうかが問題となります。

　具体的には、パワハラの定義のうち、「業務上必要かつ相当な範囲を超えた」言動かどうか、「労働者の就業環境が害される」言動かどうかという問題となります。

✒️　「業務上必要かつ相当な範囲を超えた」言動かどうか

　本事例のように、部下の行動が問題となる場合について、パワハラ指針2(5)においては、「個別の事案における労働者の行動が問題となる場合は、その内容・程度とそれに対する指導の態様等の相対的な関係性が重要な要素となることについても留意が必要である」とされています。

　まず、部下の行動についてみると、普段から、机に寝そべったり、椅子にもたれかかったりして、職場の雰囲気を悪くするような業務態度がみられます。

　他方、上司の注意指導は、「もっときちんとした姿勢で仕事をしなさい」などと口頭で注意するという行為を超えて、「椅子を強く蹴る」行為に出てしまっています。

　部下の業務態度の悪さは、職場の雰囲気を悪くはしているものの、他の社員の身体に危険を及ぼすような行為でもありませんし、会社に直ちに大きな損害を与えるような行為でもありません。

　「もっときちんとした姿勢で仕事をしなさい」などと口頭で注意した時点で、注意指導としては足りており、それ以上の注意指導として、「椅子を強く蹴る」という行為は業務上必要のない行動です。

　他方で、例えば、居眠りをしている部下がふと気付く程度に、1 回だけ、軽く椅子に足がコツッと当たる程度に椅子を蹴るのであれば、業務上必要のない行為とまではいえないですが、口頭で起こせば足りるので、パワハラであるとの疑念を抱かせる行為にはなります。

✒　「労働者の就業環境が害される」言動かどうか

　「労働者の就業環境が害される」言動かどうかは、「平均的な労働者の感じ方」を基準に判断されます。
　また、パワハラ運用通達第 1・1 (3) イ ⑥ によれば、「言動の頻度や継続性は考慮されるが、強い身体的又は精神的苦痛を与える態様の言動の場合には、一回でも就業環境を害する場合があり得る」とされています。
　「椅子を強く蹴る」ことは、直接的に部下の身体に触れてはいないものの、椅子から転落して負傷するおそれもあります。「平均的な労働者の感じ方」からすれば、部下に強い身体的苦痛を与える言動であり、一度きりの行動であっても、「労働者の就業環境が害される」言動といえます。
　他方で、例えば、居眠りをしている部下がふと気付く程度に、1 回だけ、軽く椅子に足がコツッと当たる程度であれば、強い身体的苦痛を与える態様とまではいえないでしょう。ただし、口頭で起こせば足りるので、注意の仕方としては不適切であり、パワハラであるとの疑念を抱かせる行為です。

✒　裁判例では

　「椅子を蹴った」行為が問題となった裁判例として、エヌ・ティー・ティー・ネオメイトなど事件（大阪地判平 24・5・25 労判 1057・78）があり

ます。これは、椅子を蹴った行為がパワハラに該当するかが問題となった事案ではありませんでしたが、派遣社員に対し、「謝れ」「辞めてしまえ」と言いながら椅子を蹴ったり、名札を破ったり、パソコンの画面を閉じたりする行為をした従業員に対する懲戒処分（譴責処分）が有効であると判断されています。判示では、このような従業員の派遣社員に対する暴言等の言動は、職場秩序を乱す行為であるから、譴責処分には合理的な理由が認められるとされています。

> Case 4
>
> 部下同士の取っ組み合いのケンカを止めようと、部下らの腕をつかむなどし、身を挺して仲裁に入った
>
> ---
>
> 　社内で部下同士が、業務とは無関係のことが原因で言い合いとなり、取っ組み合いのケンカにまでなりました。口頭で注意しても双方興奮しておりケンカが止まらなかったため、上司として身を挺して仲裁に入りました。このとき部下らの腕をつかんだりして、身を挺して仲裁に入ったのですが、このような行為はパワハラに該当しますか。

専門家の眼

　部下同士の取っ組み合いのケンカを止める行為は、業務上必要な注意指導の範囲内の行為であり、雇用管理上の措置義務の対象となるパワハラには該当しないと考えられます。

📌　「身体的な攻撃」に該当するか

　社内で、部下の従業員同士が取っ組み合いのケンカを始めました。このままでは、部下のいずれか又は双方が負傷してしまいます。

　口頭で止めても、双方興奮していてケンカをやめる気配がない場合には、部下の身体の安全を確保するために、上司が、身を挺して止めに入ることも業務上必要な行為といえます。

　このような上司の行為が、ケンカをした部下らに対するパワハラで

あると判断されることはないと考えられます。

　なお、身を挺して止めに入った上司が、ケンカの制止の範囲を超えて、例えば、その部下を殴ったり蹴ったりすることは、注意指導としては行き過ぎです。火気厳禁の工場内で、たばこを吸った部下の頬を平手で叩くのと同様に、行き過ぎた注意指導と判断されます。

✈　従業員同士の業務に関係ないケンカはパワハラに該当するか

　さて、本事例は、上司が身を挺して止める行為が問題となっていますが、取っ組み合いのケンカの当事者である従業員同士の行為は、お互いに他方に対するパワハラに該当するでしょうか。

　業務に関係のない単に同じ企業内での同僚間のケンカであれば、「優越的な地位を背景とした」ものではないため、パワハラには該当しないと考えられます。

　ただし、同僚間のケンカであっても、相手方に対する暴行罪や傷害罪が成立したりして刑事事件に発展したり、損害賠償請求や慰謝料請求といった民事の責任が生じたり、職場秩序を害したとして、懲戒処分の対象となることはあり得ます。

　他方で、業務に関係あることを原因とするケンカであれば、「優越的な地位を背景とした」ものであるかどうかといった点を中心として、一方から他方へのパワハラに該当するかが問題となることがあります。また、併せて、刑事・民事責任が問われたり、懲戒処分の対象となったりすることもあります。

✈　ケンカの仲裁行為に関する裁判例

　上司がしたケンカの仲裁行為が暴行や傷害行為に該当するかが問題となった事案に、エヌ・ティー・ティー・ネオメイトなど事件（大阪地

判平24・5・25労判1057・78）があります。

　部下が、派遣社員に対し、「謝れ」「辞めてしまえ」などと言いながら椅子を蹴ったりする行為が一旦おさまった後、さらに、名札を破ったり、パソコン画面を閉じたりする行為に及んだため、上司が部下の腕を取って自席に誘導した行為が問題となったものです。

　これについて裁判所は、上司は、ケンカの仲裁をしたにすぎず、暴行や傷害行為には該当せず、違法性はないと判断しています。

コラム	ケンカを止めるために女性従業員の身体に接触したら

　女性従業員同士が取っ組み合いのケンカをしているため、男性従業員が身を挺して女性従業員の腕をつかむなどし、ケンカを仲裁する行為は、異性の身体に接触する行為としてセクハラに該当するかも併せて検討します。

　まずは、男性従業員は、女性従業員同士を口頭でなだめてケンカを止めるべきでしょう。しかし、女性従業員同士が、双方興奮していてケンカをやめる気配がなく、さらにケンカが発展し、女性従業員同士が怪我をするおそれのあるような場合には、女性従業員らの身体の安全を確保する必要もあります。

　そのような場合に、腕をつかんだりして、女性従業員同士を引き離す程度であれば、セクハラには該当しませんし、女性従業員らの身体の安全を確保する行為として必要な行為です。

　他方で、ケンカの仲裁の趣旨を超えて、それにかこつけて、女性従業員らの身体に執拗に接触したり、バスト・ヒップ・ウェストといった身体のうちでも性的な意味合いの強い身体の部位を必要なく触る行為はセクハラに該当するといえます。

　ただし、ケンカを仲裁する過程で、バスト・ヒップ・ウエスト等に故意なくたまたま接触してしまった場合には、ケンカの仲裁に必要な行為としてセクハラには該当しないといえるでしょう。

Case 5	遅刻・欠勤を繰り返す部下に反省を促すため、ミーティングに立たせて出席させた

　何度注意しても、何かと遅刻・欠勤を繰り返す部下がいます。反省を促すため、部署のミーティング中、20分程度の間、ずっと立たせっぱなしにしておいたのですが、パワハラに該当するのでしょうか。なお、ミーティングに参加している他の従業員は、ミーティング中、ずっと椅子に座っています。

専門家の眼

　反省を促すためであっても、部署のミーティング中に20分程度立たせておく行為は、業務上必要な範囲を超えた指導方法であり、雇用管理上の措置義務の対象となるパワハラに該当するといえます。

📌 「身体的な攻撃」に該当するか

　何度注意しても、遅刻・欠勤を繰り返す部下に対して、一定程度強く注意指導することは、理解ができます。

　本事例は、「20分程度立たせた」行為がパワハラ指針の6類型の「身体的な攻撃」に該当するかが問題となるものですが、被害者にも問題がある場合の注意指導の方法については、パワハラ6類型のうちの「精神的な攻撃」に該当しないと考えられる例が参考になります。

　パワハラ指針2(7)ロ(ロ)では、「精神的な攻撃」に該当しないと考えられる例として、「遅刻など社会的ルールを欠いた言動が見られ、再三

注意してもそれが改善されない労働者に対して一定程度強く注意をすること」が挙げられており、これらはパワハラに該当しないとされています。

　ところで、ここにいう「一定程度強く注意をすること」はあくまで口頭での注意指導を指しています。

　被害者側に問題となる行動があったとしても、このような口頭での注意指導を超えて、本事例のように「ミーティングをしている20分程度の間、ずっと立たせっぱなしにしておく行為」がパワハラに該当するか否かが問題となります。

　具体的には、パワハラの定義のうち、「業務上必要かつ相当な範囲を超えた」言動かどうか、「労働者の就業環境が害される」言動かどうかという問題となります。

📌　「業務上必要かつ相当な範囲を超えた」言動かどうか

　本事例のように、部下の行動が問題となる場合について、パワハラ指針2(5)においては、「個別の事案における労働者の行動が問題となる場合は、その内容・程度とそれに対する指導の態様等の相対的な関係性が重要な要素となることについても留意が必要である」とされています。

　本事例においては、部下は何度注意しても遅刻・欠勤を繰り返しており、問題行動が見られます。

　しかし、遅刻・欠勤に対して、改善を促すために、部署のメンバーが全員座っている中で、みせしめのように、20分程度の間、ずっと立たせっぱなしにしておくという注意の方法は、業務上必要性のない行動です。そんなことをしても、遅刻・欠勤が改善されるとも考えられません。

　したがって、立たせっぱなしにするという行為は、「業務上必要かつ相当な範囲を超えた」言動といえます。

✦ 「労働者の就業環境が害される」言動かどうか

　「労働者の就業環境が害される」言動かどうかは、「平均的な労働者の感じ方」を基準に判断されます。

　また、パワハラ運用通達第1・1(3)イ⑥によれば、「言動の頻度や継続性は考慮されるが、強い身体的又は精神的苦痛を与える態様の言動の場合には、一回でも就業環境を害する場合があり得る」とされています。

　部署全員が座っている中で、20分程度の間立たせっぱなしにされることは、「平均的な労働者の感じ方」からすれば、部下に強い身体的・精神的苦痛を与える言動であり、一度きりの行動であっても、「労働者の就業環境が害される」言動といえます。

　いくら部下が何度注意しても遅刻・欠勤を繰り返すといっても、みせしめのように立たせっぱなしにすることは「労働者の就業環境が害される」言動に当たります。

✦ 遅刻・欠勤を繰り返す部下に対する注意指導

　遅刻・欠勤を繰り返す部下に対する注意指導としては、口頭で何度注意しても改善されない場合には、就業規則の懲戒処分に該当するかを検討します。

　一般的に、就業規則には、服務規律に「遅刻、早退、欠勤」に関する規定が設けられているはずです。正当な理由のない「遅刻、早退、欠勤」が続いた場合には、懲戒事由や解雇事由に該当するような規定が設けられていることも多くみられます。

　注意指導を繰り返しても出勤状況に改善が見られない場合には、上司が独自に判断をして、罰則として「立たせる」というようなことはしてはいけません。きちんと、会社の就業規則の規定にのっとった処分を検討すべきです。そうしなければ、かえって上司がパワハラをしたとして処分をされることになってしまいます。

> **Case 6** 部下に注意指導をしている際、勝手に途中退席しようとして向かってくる部下の腕を必要最小限の力でつかんで引き留めた
>
> 　部下に注意指導をしている際、注意内容に納得がいかなかったのか、部下が勝手に途中で退席しようとし、私の方へ向かってきました。まだ注意をすべき重要な話が終わっていなかったのと、急な行動であったため、とっさに腕をつかんで引き留めたのですが、このような行為はパワハラに該当しますか。

専門家の眼

　パワハラに該当するかどうか、非常に判断が難しい行為です。腕をつかんで引き留める必要性、つかんだ強さによっては、雇用管理上の措置義務の対象となるパワハラに該当するといえます。しかし、部下の態様いかんにより、腕をつかんで引き留める必要性があれば、パワハラに該当しないと判断されることもあるでしょう。

✦　「身体的な攻撃」に該当するか

　本事例の上司の「腕をつかんで引き留める」行為は、「業務上必要かつ相当な範囲を超えた」言動かどうかが問題となります。

　腕をつかむという行為は、「有形力の行使」であることは間違いありませんが、その行為の目的やつかんだ強さによって、パワハラに該当するか否かの判断が異なるものです。

　この行為については、上司と部下が置かれた状況によって、判断が異なるため、「腕をつかんだ」行為が問題となった裁判例をみていきましょう。

✈　腕をつかんだ行為に関する裁判例

(1)　上司らの行為を妨害しようとする部下に対する行為

　高校教諭に対する処分告知の際、教諭が、大きな声で叫んだり、電話をかけようとしたり、部屋の外に出ようとして出入口方向にいた校長や教頭らに向かってくるなどの行為に及んだところ、教頭が、教諭の腕をつかんで制止した行為が暴行に該当するかが問題となった事案があります（広島高判平25・6・20労働判例ジャーナル18・29）。この行為について、裁判所は、校長に処分の告知という正当な職務行為を続行させるため、教諭の不相当な妨害行為を排除する目的で行ったものであったうえ、その態様も、向かってくる教諭の腕をつかむという妨害行為を制止する最低限度の有形力の行使にとどまるものであったというべきであり、また、当時の状況に照らせば、教頭の制止行為は、教諭に過度の精神的負担を負わせるものとはいえないというべきであると判断しました。

　処分の告知という業務を続行するための目的があり、また腕をつかんだ強さも最低限の有形力の行使であるという状況が重視されたものと考えられます。

(2)　ケンカの仲裁行為のために部下の腕を取る行為

　ケンカの仲裁行為（部下の腕を取って自席に誘導した行為）が暴行や傷害行為に該当するかが問題となった事案に、エヌ・ティー・ティー・ネオメイトなど事件（大阪地判平24・5・25労判1057・78）があります。

　部下が、派遣社員に対し、「謝れ」「辞めてしまえ」などと言いなが

ら椅子を蹴ったりした行為が一旦治まった後、さらに、名札を破ったり、パソコン画面を閉じたりする行為に及んだため、上司が部下の腕を取って自席に誘導した行為が問題となったものです。

　これについて裁判所は、仲裁をしたに過ぎず、暴行や傷害行為には該当せず、違法性はないと判断しています。

　(3)　パワハラに該当するケース

　いずれの裁判例も部下の問題となる先行行為があり、それを制止するための目的があったという状況下で行われています。

　他方で、部下の問題行動がなく、制止の目的もない場合に、むやみに、部下の腕を強くつかんだというようなケースでは、パワハラに該当すると判断されることもあるでしょう。

　また、「出て行ってはいけない。」「まだ話は終わっていないので待つように。」と言って口頭で退席することを止められる場合には、腕をつかむ必要はないため、パワハラに該当すると判断されるおそれは高まるでしょう。

2　精神的な攻撃

> Case
> 7
>
> ノルマを達成できない部下の奮起や周知を目的に、「このままでは辞めてもらうしかない」などと書いたメールを、営業チームである当該部下を含む複数の部下に送った
>
> ノルマを達成できない部下に対し、次こそは頑張ってもらおうと奮起させることを目的として、「このままでは辞めてもらうしかない」など、会社にとって不利益な存在になっている旨を書いたメールを、当該部下を含む営業チームに所属する複数の部下宛に送信しました。このようなメールを送信するのは、パワハラに該当しますか。

専門家の眼

　「このままでは辞めてもらうしかない」などと書いたメールを、当該部下を含む複数の部下宛に送信する行為は、部下を奮起させるという目的があったとしても、注意指導の範囲を超え、雇用管理上の措置義務の対象となるパワハラに該当するといえます。

★　「精神的な攻撃」に該当するか

　「このままでは辞めてもらうしかない」などと書いたメールを、当該部下を含む複数の部下宛に送信する行為は、パワハラの6類型のう

ち、「精神的な攻撃」に該当するかどうかが問題となる行為です。

　他方で、上司がこのようなメールを送信した理由は、部下がノルマ
を達成できていないことがあり、部下に奮起してもらいたいという目
的がありました。

　さて、この上司の行為は、注意指導の範疇に属するのか、それとも
行き過ぎたパワハラであるかどうかが問題となります。

　具体的には、パワハラの定義のうち、「業務上必要かつ相当な範囲を
超えた」言動かどうかという問題となります。

✎　「業務上必要かつ相当な範囲を超えた」言動かどうか

　ノルマを達成できない部下に業務の改善を促すために、メールで激
励をすることは正当な指導といえますが、いくら業務の改善が目的に
あるとしても、その激励の内容や手段が相当な範囲を超える場合には、
パワハラに該当するといえます。

　当該部下を含む複数の部下に対してメールを送信することで、他人
に見せしめのような形で侮辱的な言葉を用いて叱責することは、名誉
毀損や侮辱に該当するおそれもありますし、不適切な指導であってパ
ワハラといえます。

　A保険会社上司（損害賠償）事件（東京高判平17・4・20労判914・82）で
は、保険会社のサービスセンター内において、同時に同じ職場の従業
員十数名に対し、ポイントの大きな赤文字で、「やる気がないなら、会
社を辞めるべきだと思います。当SCにとっても、会社にとっても損
失そのものです。」「あなたの給料で業務職が何人雇えると思いますか。
あなたの仕事なら業務職でも数倍の業績を挙げますよ。……これ以
上、当SCに迷惑をかけないで下さい。」とメール送信した上司の行為
について、「それ自体は正鵠を得ている面がないではないにしても、人

の気持ちを逆撫でする侮辱的言辞と受け取られても仕方のない記載などの他の部分ともあいまって、控訴人（筆者注：被害者）の名誉感情をいたずらに毀損するものであることは明らかであり、上記送信目的が正当であったとしても、その表現において許容限度を超え、著しく相当性を欠く」と不法行為が認定されました。

　部下がミスしたことや、業務成績に関し、他の部下に対しても、周知し、部署全体で改善をしていく必要がある場合には、ミスや業務成績の内容だけを記載し、他の従業員にも注意喚起するという方法をとることで必要十分であると考えられます。それを超えて、ミスをしたり、ノルマを達成できなかったりした部下を見せしめにする、衆目を集めるような形で叱責をするという手法は、パワハラに該当するといえます。

✦　当該部下だけにメールを送信した場合

　「このままでは辞めてもらうしかない」というメールを当該部下だけに送信した場合は、パワハラに該当するでしょうか。

　ノルマの達成できない部下に対し、次こそは頑張ってもらおうと奮起させることを目的として、メールを送信しており、「業務上の必要性」は認められます。

　しかし、奮起させることを目的としているのであれば、「次からは頑張れ」等と発奮させる言葉をかければよいのであって、わざわざ「このままでは辞めてもらうしかない」とまで言う必要はありません。

　「労働者の就業環境が害される」言動かどうかは、「平均的な労働者の感じ方」を基準に判断されます。また、パワハラ運用通達第1・1(3)イ⑥によれば、「言動の頻度や継続性は考慮されるが、強い身体的又は精神的苦痛を与える態様の言動の場合には、一回でも就業環境を害す

る場合があり得る」とされています。

　「平均的な労働者」を基準とすれば、上司から「辞めてもらうしか
ない」と言われた場合、一回であっても、自分はもう会社にいられな
くなるのではないかと強い不安を感じ、強い精神的苦痛を与える言動
に該当すると考えられます。

　たとえ、当該部下だけにメールを送信したとしても、その内容が、
退職をせざるを得ないような状況に陥っているような不安を与える言
動であれば、パワハラに該当するといえます。

✈ 過大な営業成績目標やノルマがパワハラの背景となることも

　上司が部下に対して、営業成績やノルマ不達成を理由としてパワハ
ラをしてしまうもともとの要因は、上司個人に起因することもありま
すが、会社が設定した営業成績やノルマがそもそも過大なことが遠因
となっている場合もあります。

　パワハラ指針5(2)ロにおいては、事業主が行うことが望ましい取組
の内容として、パワハラの原因や背景となる要因を解消するため、適
正な業務目標の設定や適正な業務体制の整備、業務の効率化による過
剰な長時間労働の是正等を通じて、労働者に過度に肉体的・精神的負
荷を強いる職場環境や組織風土を改善することが挙げられています。

　パワハラ防止を上司個人の責務とするのではなく、パワハラ言動の
背景に会社の掲げた目標やノルマが影響を与えていないかどうか、背
景も含めて精査をする必要があります。

Case
8

指示に従わずミスを繰り返す部下の指導中、もちろん殺すつもりもない雰囲気で「次に同じミスをしたら殺すぞ」と言った

　上司である私の指示どおりに行動せず、ミスを繰り返す部下がいます。この部下に対して、指示への対応に関する指導をしている最中、部下が気だるそうに見えたので、もちろん殺すつもりもない雰囲気の中で「次に同じミスをしたら殺すぞ」と思わず言ってしまいましたが、パワハラに該当するのでしょうか。

専門家の眼

　部下への指導の最中に思わず、「殺すぞ」と言ってしまったことは、注意指導の範囲を超え、雇用管理上の措置義務の対象となるパワハラに該当するといえます。

★ 「精神的な攻撃」に該当するか

　部下に対して、指導の最中に思わず、「殺すぞ」と言ってしまった言動は、パワハラの6類型のうち、「精神的な攻撃」に該当するかどうかが問題となる行為です。

　「殺すぞ」という言葉そのものは、生命・身体に対する害悪の告知ですので、脅迫に該当するおそれのある言動です。しかし、本事例の上司は、本当に殺すつもりなどなく、つい、言ってしまったという程度です。

　さて、この上司の行為は、注意指導の範疇に属し、許される言動なのか、それともそれを行き過ぎたパワハラであるかどうかが問題となります。

　具体的には、パワハラの定義のうち、「業務上必要かつ相当な範囲を超えた」言動かどうか、そして、「労働者の就業環境が害される」言動かどうかという問題となります。

✒ 「業務上必要かつ相当な範囲を超えた」言動かどうか

　上司の指示に従わない部下に対して注意を促すことは正当な指導といえますが、いくら業務の改善が目的にあるとしても、その注意の内容や手段が相当な範囲を超える場合には、パワハラに該当するといえます。

　上司の指示に従わない場合には、指示の内容をさらに具体的に伝えて注意を促したり、余りにも指示に従わない場合には、業務命令違反として懲戒処分を検討したりするというのが通常の方法です。

　その注意の過程で、いくら激高したからといっても、「殺すぞ」というような不穏当な発言をする必要はありませんし、その発言内容も不相当なものです。

　したがって、「殺すぞ」という言葉を用いた注意指導は、「業務上必要かつ相当な範囲を超えた」言動と言えるでしょう。

✒ 「労働者の就業環境が害される」言動かどうか

　しかし、「殺すぞ」はついつい一度口走ってしまった程度であり、本当に殺すという気はなく、これが、「労働者の就業環境が害される」言動かどうかが問題となります。

　「労働者の就業環境が害される」言動か否かは、「平均的な労働者の

感じ方」を基準に判断されます。

　また、パワハラ運用通達第1・1(3)イ⑥によれば、「言動の頻度や継続性は考慮されるが、強い身体的又は精神的苦痛を与える態様の言動の場合には、一回でも就業環境を害する場合があり得る」とされています。

　「殺すぞ」という言葉は極めて不穏当な発言であり、一回でも強い精神的苦痛を与えかねない発言ですので、平均的な労働者を基準とした場合、「労働者の就業環境を害する」言動と言えるでしょう。

✶　裁判例では

　指示どおり作業を行っていなかった部下（派遣社員）を叱責する際に「殺すぞ」と発言したことが問題となった裁判例があります（大阪高判平25・10・9労判1083・24）。

　当該裁判例では、「『殺すぞ』という言葉は、仮に『いい加減にしろ』という意味で叱責するためのものであったとしても、指導・監督を行う者が被監督者に対し、労務遂行上の指導を行う際に用いる言葉としては、いかにも唐突で逸脱した言辞というほかはなく……特段の緊急性や重大性を伝えるという場合のほかは、そのような極端な言辞を浴びせられることにつき、業務として日常的に被監督者が受忍を強いられるいわれはないというべきである。」と判示されています。

　当該裁判例では、「特段の緊急性や重大性を伝える場合」には「殺すぞ」という言葉が許容される余地も残していますが、「殺すぞ」という言葉が許容されるような緊急性や重大性を伝える場面は想定し難いものです。

　また、別の裁判例（誠昇会北本共済病院事件＝さいたま地判平16・9・24労判883・38）では、先輩従業員らが後輩従業員に対し、職員旅行のアルコー

ル中毒のことを指して「あのとき死んじゃえばよかったんだよ。馬鹿」「うるせえよ。死ねよ。」と忘年会の席で発言したり、仕事中に何かあると「死ねよ」と言ったり、「殺す」などの文言を含んだ電子メールを送信したといった集団でのいじめが原因となり、勤務先と先輩従業員への損害賠償請求が認められました。

　ザ・ウィンザー・ホテルズインターナショナル（自然退職）事件（東京高判平25・2・27労判1072・5）でも、上司が部下に対し、深夜に携帯電話で電話をし、留守電に「辞めろ。辞表を出せ。ぶっ殺すぞ、お前。」などといったことを残したことが不法行為に当たると判断されました。

　やはり、「殺すぞ」という言葉はそれ自体、上司が注意指導で用いる言辞としては不適切であり、部下に対し、「殺すぞ」と発言することは、パワハラに該当すると判断されるおそれが強いものです。

Case 9

女性の服装で勤務している上、女性用の会社施設等の使用を求めるトランスジェンダーの男性部下に、服務規程違反の懸念から「もう男に戻ってはどうか」と提案した

　日頃から女性の服装で勤務しているトランスジェンダーの男性部下から、「女性更衣室や女性トイレを使いたい」「女性の制服を着たい」との申出がありました。これを受けて、社内での調整を行いましたがうまくいかず、部下の申出に対応できそうになかったことや、服務規程違反の問題であることも考え、部下に対し、「性別適合手術をしないなら、もう男に戻ってはどうか」「単なる趣味であるなら、そろそろ女装はやめなさい」と提案しました。このような発言はハラスメントに該当するのでしょうか。

専門家の眼

　トランスジェンダーの男性部下に対して、「もう男に戻ってはどうか」「そろそろ女装はやめなさい」と発した言動は、部下の人格を否定する発言であり、雇用管理上の措置義務の対象となるセクハラにも該当するおそれがあります。また、同時に、パワハラに該当することもあります。

✦　トランスジェンダーに対するハラスメント

　性的少数者に対するハラスメントには、一つは、性的指向（恋愛の

対象がいずれの性別か）に関するハラスメント、例えば、同性愛者に対して、「ホモ」「レズ」というような言葉を用いて差別的な発言をしたりすることが挙げられます。

　もう一つは、本事例のように、性自認（割り当てられた性別に対する認識）に関するハラスメント、例えば、トランスジェンダーの方に、「おかま」「おなべ」といった言葉を使ったり、いわゆる「オネエタレント」の風貌を笑いの対象にするようなことをしたりすることが挙げられます。

　職場において、性的少数者への言動がよく問題となるケースとしては、性的指向や性自認に関する情報を本人の意図しないところで暴露してしまうアウティング（個の侵害）があります。

　しかし、本事例のケースでは、職場において、トランスジェンダーの部下に対し、何らの配慮もなく、単なる趣味であるとして、「そろそろ男に戻ってはどうか」とか「女装はやめなさい」と発言しています。このような発言は、部下の人格否定につながりますので、個の侵害というよりは、精神的な攻撃としてパワハラに該当するおそれがあります。

　他方で、セクハラ指針2（1）においては、「被害を受けた者（以下「被害者」という。）の性的指向又は性自認にかかわらず、当該者に対する職場におけるセクシュアルハラスメントも、本指針の対象となるものである」と明記されています。トランスジェンダーの部下に対して、上記のような発言をすることは、一般的には、セクハラに該当すると分類されるでしょう。

★　裁判例では

　S社（性同一性障害者解雇）事件（東京地決平14・6・20労判830・13）で

は、出版社に勤務していた性同一性障害の男性が「女装を理由に解雇されたのは不当」と主張して、地位保全を求めた仮処分を申し立てました。東京地裁は、元社員の訴えを認め、解雇を無効とする決定をしました。男性は、性同一性障害の診断を受けた後、家庭裁判所で女性名への改名を認められました。その後、配置転換を内示された際、女性の服装で勤務することや女性用トイレの使用などを求めたものですが、会社側はこれを認めず、女装で出勤した元社員を服務命令違反などで懲戒解雇にしたのです。東京地裁の決定では、「女性としての行動を抑制されると、多大な精神的苦痛を被る状態だった」とした上で、時間の経過も相まって違和感や嫌悪感も、緩和される余地があり、取引先や顧客が抱く違和感や嫌悪感については、業務遂行上著しい支障を来たすおそれがあると認めるに足りる的確な疎明はない旨判断されました。

　また、Ｙ交通事件（大阪地決令2・7・20労経速2431・9）は、タクシー乗務員である性同一性障害をもつ男性（生物学的性別は男性だが、性自認は女性）が、化粧をして乗務していることについて、乗客に違和感や不安感を与えることから会社がタクシーに乗務させないという就労拒否をした事案です。タクシー会社には、「身だしなみ規定」が置かれており、それ自体は、目的が正当であるとされましたが、男性の化粧の程度が他の女性乗務員と同程度かといった点を問題とすることなく、化粧を施した上での乗務を拒否したことについて必要性・合理性が認められないと判断され、就労拒否の正当性が否定されました。裁判例では、「今日の社会において、乗客の多くが、性同一性障害を抱える者に対して不寛容であるとは限らず、債務者（会社）が性の多様性を尊重しようとする姿勢を取った場合に、その結果として、乗客から苦情が多く寄せられ、乗客が減少し、経済的損失などの不利益を被るとも限らない」と判示されており、性同一性障害に対する社会の認識

が変化している点にも言及がなされていることが注目されます。

　そして、著名な国・人事院（経産省職員）事件（東京高判令3・5・27労判1254・5）では、男性上司が性同一性障害の診断を受けたトランスジェンダーの男性部下（身体的な性別〔生物学的な性別〕は男性、自認している性別〔心理的な性別〕は女性、性別適合手術を受けておらず、戸籍上は男性のまま）に対して行った「なかなか手術を受けないんだったら、もう男に戻ってはどうか」という発言に違法性が認められ、国に慰謝料10万円の支払が命じられました。

> ### Case 10　部下を奮起させるため、懇親会の参加者全員の前で「何をさせてもダメだな」などと冗談交じりに言った
>
> 　ミスは多いものの、日頃から目をかけている部下がいます。社内の懇親会で、挨拶をする場があったことから、参加者全員の前で、当該部下を奮起させるつもりで、「こいつは出来が悪い」「何をさせてもダメだな」と冗談交じりに言ったのですが、パワハラになるのでしょうか。

専門家の眼

　懇親会の挨拶の席上という衆目を集めるような場面で、特定の部下の能力について、「こいつは出来が悪い」「何をさせてもダメだな」と侮蔑するような発言をすることは、注意指導の範囲を超え、雇用管理上の措置義務の対象となるパワハラに該当するといえます。

📌　「精神的な攻撃」に該当するか

　部下のことを多数の人が見ている懇親会での挨拶の席上で、「こいつは出来が悪い」「何をさせてもダメだな」と奮起を目的として冗談交じりに言うことは、パワハラの6類型のうち、「精神的な攻撃」に該当するかどうかが問題となる行為です。

　さて、この上司の行為は、注意指導の範疇に属する、あるいは、冗談まじりのコミュニケーションの一環として許される言動なのか、そ

れともそれを行き過ぎたパワハラであるかどうかが問題となります。

　具体的には、パワハラの定義のうち、「業務上必要かつ相当な範囲を超えた」言動かどうか、そして、「労働者の就業環境が害される」言動かどうかが問題となります。

✈　「業務上必要かつ相当な範囲を超えた」言動かどうか

　上司が部下を奮起させるために叱咤激励することは正当な指導といえますが、いくら業務の改善が目的にあるとしても、その注意の内容や手段が相当な範囲を超える場合には、パワハラに該当するといえます。

　多数の人が見ている懇親会での挨拶の席上において、特定の部下のことを「出来が悪い」「何をさせてもダメだな」との評価を下げるような侮辱的な発言をすることは、当該部下の名誉感情や社会的な評価を下げるもので、叱咤激励の範疇を超えています。

　「出来が悪い」「何をさせてもダメだな」という言葉を用いた注意指導は、「業務上必要かつ相当な範囲を超えた」言動と言えるでしょう。

✈　「労働者の就業環境が害される」言動かどうか

　しかし、上司としては、「出来が悪い」とか「何をさせてもダメだな」は懇親会の挨拶の席上で冗談程度で発した言葉であり、これが、「労働者の就業環境が害される」言動かどうかが問題となります。

　「労働者の就業環境が害される」言動か否かは、「平均的な労働者の感じ方」を基準に判断されます。

　また、パワハラ運用通達第1・1(3)イ⑥によれば、「言動の頻度や継続性は考慮されるが、強い身体的又は精神的苦痛を与える態様の言動の場合には、一回でも就業環境を害する場合があり得る」とされてい

ます。

　「出来が悪い」「何をさせてもダメだな」という言葉は侮辱的な発言
であり、また、多数の人がいる面前で発せられたこともあいまって、
一回でも強い精神的苦痛を与えかねない発言です。したがって、平均
的な労働者を基準とした場合、「労働者の就業環境が害される」言動と
言えるでしょう。

　したがって、本事例での上司による懇親会の挨拶の席上での発言は、
パワハラに該当します。

✒ 上司が部下と1対1の場で発言した場合

　なお、「出来が悪い」「何をさせてもダメだな」と多数の人がおらず、
上司と部下の1対1の対面で発言した場合も、パワハラに該当するでしょうか。

　日頃から目をかけている部下に対し、頑張ってもらおうと奮起させ
ることを目的として、1対1の場で叱咤激励することは、「業務上の必要
性」は認められます。

　しかし、奮起させることを目的としているのであれば、「出来が悪い」
というような抽象的な言葉ではなく、「○○の点ができないから、△△
の資料を参考にして改善せよ」と言ったり、「何をさせてもダメだな」
という人格否定的な発言ではなく、「○○の業務成績が△△足らない」
とか「○○の業務の△△のスキルを身に付けるように」等、具体的な
アドバイスをすべきです。

　「平均的な労働者」を基準とすれば、上司から「出来が悪い」「何を
させてもダメだな」と冗談まじりに言われたとしても、一回だけの言
動であれば、「辞めてもらうしかない」とか「殺すぞ」といった発言と
比較すると、さほど強い精神的苦痛を受けるものではないと判断され

ます。しかし、このような発言が継続的に繰り返された場合には、強い精神的苦痛を与える言動であるとの判断に傾いていきます。

　たとえ、上司と部下1対1の対面の場面の発言であったとしても、「出来が悪い」「何をさせてもダメだな」というような抽象的で人格否定的な言葉を継続的に投げ掛けた場合には、パワハラに該当するといえます。指導するのであれば、業務上の必要性に応じた個別具体的なアドバイスをすべきです。

✒ 裁判例では

　日本ヘルス工業事件（大阪地判平19・11・12労判958・54）は、部下が過重労働と上司からの不適切な発言によりうつ病を発症した事案です。この事案では、東京本社で行われた研修会後に、研修参加者全員（代表取締役社長ほか役員も多数出席）が出席する懇親会が開かれたところ、会社の東京本部長である取締役が、懇親会終了のスピーチの際、参加者全員の面前において、部下のことを「俺が仲人をしたのにＡがあり、頭がいいのだができが悪い」「何をやらしてもアカン」「その証拠として奥さんから内緒で電話があり『主人の相談に乗って欲しい』と言った」などと発言しました。なお、このスピーチの途中、社長が見かねてスピーチを止めさせようとしたほどでした。部下は、その後、自殺するに至りました。

　裁判所は、この挨拶について、酔余の激励とはいえ、「妻が内緒で電話をしてきた」などと、通常、公表されることを望まないようなプライベートな事情を社長以下、役員や多数の人の面前で、暴露し、「できが悪い」、「何をやらしてもアカン」などと、通常「無能呼ばわり」されたと受け取ることもやむを得ないような不適切な発言をしたものであり、社長等がそろった席で行われたことによる、部下の心理的ショ

ックは極めて大きなものであり、職場において日常的に見受けられる職場のストレスと一線を画するものといえ、言われた者にとっては、にわかに忘れることの困難な、かつ明らかなストレス要因となる発言であり、社会通念上、精神障害を発症ないし増悪させる程度に過重な心理的負荷を有すると判断しました。

　上司は、冗談のつもりの叱咤激励であったかもしれませんが、その言動がパワハラに該当することもあります。

　宴席のような現実に多数人がいる場面以外であっても、例えば、メールで当該部下を含む複数の部下に対して、他人に見せしめのような形で侮辱的な言葉を用いて叱責すること（参考となる裁判例として、A保険会社上司（損害賠償）事件（東京高判平17・4・20労判914・82））は、名誉毀損や侮辱に該当するおそれもありますし、不適切な手段を用いた指導であってパワハラに該当します。

> **Case 11** **遅刻・欠勤が続く部下へ、再三の注意をしても改善が見られなかったので、口頭で強く注意した**
>
> 　何度注意しても、無断遅刻や欠勤を繰り返す部下がいます。遅刻や欠勤がある都度、口頭での注意を繰り返していますが、一向に改善が見られません。襟を正してもらいたいので、強い口調で注意指導をしても聞く耳を持たず、激高してしまいそうです。どの程度までの注意であれば、パワハラとはならず、また、どのように対処するのがよいのでしょうか。

専門家の眼

　パワハラ指針の6類型の「精神的な攻撃」に該当しないと考えられる例においても、「遅刻など社会的ルールを欠いた言動が見られ、再三注意してもそれが改善されない労働者に対して一定程度強く注意をすること」が挙げられており、これらはパワハラに該当しないとされています。しかし、口頭での注意指導を繰り返しても改善が見られない場合には、就業規則に基づく、懲戒処分を検討しましょう。

📌 「精神的な攻撃」に該当するか

　遅刻や欠勤を繰り返す部下に対する注意指導をするに当たり、正当な指導注意の範疇を超えた場合には、パワハラの6類型のうち、「精神的な攻撃」に該当するかどうかが問題となる行為です。

　何度注意しても、遅刻・欠勤を繰り返す部下に対して、一定程度強く注意指導することは、理解ができます。

　パワハラ指針の6類型の「精神的な攻撃」の例においても、「遅刻など社会的ルールを欠いた言動が見られ、再三注意してもそれが改善されない労働者に対して一定程度強く注意をすること」がパワハラに該当しないと考えられる例として挙げられています（パワハラ指針2(7)ロ(ロ)①）。

　では、「一定程度強く注意をする」のはどの範囲で許されるのでしょうか。

　具体的には、パワハラの定義のうち、「業務上必要かつ相当な範囲を超えた」言動かどうか、「労働者の就業環境が害される」言動かどうかという問題となります。

✈　「業務上必要かつ相当な範囲を超えた」言動かどうか

　本事例のように、部下の行動が問題となる場合について、パワハラ指針2(5)においては、「個別の事案における労働者の行動が問題となる場合は、その内容・程度とそれに対する指導の態様等の相対的な関係性が重要な要素となることについても留意が必要である」とされています。

　本事例においては、部下は何度注意しても遅刻・欠勤を繰り返しており、問題行動が見られます。

　しかし、例えば、遅刻・欠勤に対して、改善を促すために、部署のメンバーが全員座っている中で、見せしめのように、長時間、ずっと立たせっぱなしにしておくというような注意の方法は、業務上必要性のない相当な範囲を超えた行動です。また、「私は遅刻魔です」などと書いた名札を付けさせたりすることも業務上必要のない相当な範囲を

超えた行為です。そんなことをしても、遅刻・欠勤が改善されるとは
考えられません。

★　「労働者の就業環境が害される」言動かどうか

　「労働者の就業環境が害される」言動かどうかは、「平均的な労働者
の感じ方」を基準に判断されます。

　また、パワハラ運用通達第1・1(3)イ⑥によれば、「言動の頻度や継
続性は考慮されるが、強い身体的又は精神的苦痛を与える態様の言動
の場合には、一回でも就業環境を害する場合があり得る」とされてい
ます。

　例えば、遅刻・欠勤が繰り返されることをもって「アホ」「ボケ」「会
社をやめろ」といった人格否定の発言をすることは、「平均的な労働者
の感じ方」からすれば、部下に強い精神的苦痛を与える言動であり、
一度きりの言動であっても、「労働者の就業環境が害される」言動とい
えます。他方で、再三注意しても遅刻・欠勤が繰り返される部下に対
して、強い口調で、厳しく注意することは許される範囲の指導です。
ただ、あまりの大声で威嚇したり、上述のような人格否定の発言を用
いることはパワハラといえます。厳しく、かつ、冷静に注意指導をす
る必要があります。

　といっても、注意指導だけでは限界があり、改善が見られない場合
には、以下のように、正式な懲戒処分の手続を検討すべきです。

★　遅刻・欠勤を繰り返す部下に対する注意指導

　遅刻欠勤を繰り返す部下に対する注意指導としては、口頭で何度注
意しても改善されない場合には、就業規則の懲戒処分に該当するかを
検討します。

　一般的に、就業規則には、服務規律に「遅刻、早退、欠勤」に関する規定が設けられているはずです。正当な理由のない「遅刻、早退、欠勤」が続いた場合には、懲戒事由や解雇事由に該当するような規定が設けられていることも多くみられます。

　注意指導を繰り返しても改善が見られない場合には、注意指導をさらに繰り返しても徒労に終わり、かえって厳しい口調による注意指導がパワハラといわれかねないリスクもあるため、就業規則に規定された手続にのっとった処分を検討すべきです。

> **Case 12**
>
> ## ノルマを達成できなかった部下の奮起を目的として、部署全員にコーヒーをおごらせる罰ゲームを設けた
>
> 部署の営業成績を上げるために、ノルマを達成しなかった部下らに対し、「毎月、ノルマが達成できない場合、部署のみんなにコーヒーをおごるように」と罰ゲームを設け、奮起させるシステムをとっています。実際に一定の効果があり、部署の営業成績は上がっているのですが、このような指導方法は、パワハラに該当しますか。

専門家の眼

　ノルマを達成できない部下に対して、コーヒーをおごるように命令する罰ゲームのような行為は「一定程度の注意」を超え、経済的に不利益を被らせることから、行き過ぎた指導として雇用管理上の措置義務の対象となるパワハラに該当します。加えて、正式な懲戒処分の手続を経ずに減給処分と同様の効果を与えるものであり、違法な業務命令です。

✒ 「精神的な攻撃」に該当するか

　部下に対して、営業成績を上げるために、「ノルマ不達成ならコーヒーをおごるように」と実質的に命令する言動は、パワハラの6類型のうち、「精神的な攻撃」に該当するかどうかが問題となる行為です。

　さて、この上司の行為は、注意指導の範疇に属し、許される言動なのか、それとも行き過ぎたパワハラであるかどうかが問題となります。

　具体的には、パワハラの定義のうち、「業務上必要かつ相当な範囲を超えた」言動か否かという問題となります。

✒ 「業務上必要かつ相当な範囲を超えた」言動か否か

　パワハラ指針の6類型の「精神的な攻撃」に該当しないと考えられる例においても、「遅刻など社会的ルールを欠いた言動が見られ、再三注意してもそれが改善されない労働者に対して一定程度強く注意をすること」が挙げられており（パワハラ指針2(7)ロ(ロ)①）、これらはパワハラに該当しないと考えられるとされています。

　しかし、ノルマ不達成の部下に対して、コーヒーをおごるように命令する罰ゲームのような行為は「一定程度の注意」を超えています。そればかりか、部下に対して、ノルマ不達成の場合に、経済的に不利益を被らせることから、行き過ぎた指導としてパワハラに該当します。

　営業成績を上げるためという業務上の必要性はありますが、本来は、営業のノウハウを具体的に指導したり、実地研修をしたりすべきであり、このような命令をする相当性が認められません。

　したがって、ノルマ不達成の場合にコーヒーをおごるように命令することは、「業務上必要かつ相当な範囲を超えた」言動と言えます。

✒ 実質的な減給処分に当たること

　また、ノルマ不達成の場合に、部下にコーヒーをおごらせることは、部下に経済的な損失を負わせることとなります。食事であろうがコーヒーであろうが金額の多寡に関係なく、義務のない経済的な負担を強いる行為です。

　職務上のミス等により、経済的な損失を負わせる処分としては、懲戒処分としての「減給処分」(賃金が減給分減らされるという経済的損失がある処分)、「停職処分」(停職中の賃金が支払われないという経済的損失を伴う処分)、「降格処分」(降格に伴い支給される賃金が減り経済的損失を伴う処分)などがあります。これらの懲戒処分をする際は、就業規則等にのっとり、事実の調査をしたり、弁明の機会を与えたり、懲戒委員会や役員会を開催して、処分内容を決定するといった一連の手続が必要となります。

　本事例のような上司の命令は、このような懲戒処分の正式な手続を経ないで、部下に経済的な損失を負わせるものであり、違法な業務命令と判断されるおそれがあります。

> ### Case 13　不正を行った部下に対し、会議の席を設けた上で、厳しく叱責した
>
> 　部下が、不正経理をしていることが発覚しました。社内で緊急に開かれた不正経理対策会議の席上で、出席者にきちんと聞こえるような大きな声で叱責したところ、部下からパワハラであると言われました。このように、会議の場で厳しく叱責するような行為はパワハラに該当するでしょうか。

専門家の眼

　パワハラ指針の6類型の「精神的な攻撃」に該当しないと考えられる例においても、「遅刻など社会的ルールを欠いた言動が見られ、再三注意してもそれが改善されない労働者に対して一定程度強く注意をすること」が挙げられており、不正経理という違法な行為をした部下に対し、一定程度厳しく叱責することはパワハラには該当しませんが、叱責の方法が不相当な場合には、パワハラに該当することもあります。

📌　「精神的な攻撃」に該当するか

　不正経理をした部下に対して、その緊急対策会議の席上で、大声で叱責する行為は、パワハラの6類型のうち、「精神的な攻撃」に該当するかどうかが問題となる行為です。

　パワハラ指針の6類型の「精神的な攻撃」に該当しないと考えられる

例においても、「遅刻など社会的ルールを欠いた言動が見られ、再三注意してもそれが改善されない労働者に対して一定程度強く注意をすること」が挙げられており（パワハラ指針2⑺ロ⒟①）、これらはパワハラに該当しないと考えられるとされています。

　不正経理という違法行為をした部下に対し、一定程度厳しく叱責することは十分理解できますし、一定程度の厳しい叱責であれば、注意指導の範疇に属するといえるでしょう。

　しかし、その叱責の手段や程度が不相当な場合には、パワハラに該当することもあります。

　具体的には、パワハラの定義のうち、「業務上必要かつ相当な範囲を超えた」言動かどうか、そして、「労働者の就業環境が害される」言動かどうかという問題となります。

✒ 「業務上必要かつ相当な範囲を超えた」言動かどうか

　本事例のように、部下の行動が問題となる場合について、パワハラ指針2⑸においては、「個別の事案における労働者の行動が問題となる場合は、その内容・程度とそれに対する指導の態様等の相対的な関係性が重要な要素となることについても留意が必要である」とされています。

　本事例においては、部下が不正経理をしたという問題行動が見られます。しかも、不正経理は、ささいなミスではなく、故意による違法行為です。したがって、違法行為をした部下に対して、それに見合った内容で、一定程度厳しく叱責する行為は、「業務上必要かつ相当な範囲を超えた」言動とは言えません。

　しかし、会議の席上で他の社員の面前で、大きな声で叱責するとい

うことが「相当な範囲を超えた」言動か否かは別途問題になります。

　そもそも部下が叱責されるに至った問題行動は、不正経理という会社にも悪影響のある行為であり、そのことは部署全員に周知の上、対策会議において対策を検討し、是正をする必要があると考えられますので、会議の議題として挙げることは許される行為です。他方で、会議の席上での叱責の際に用いた文言がその内容自体で不相当なものであったり、「大きな声」の程度が余りにもひどかったりし、威嚇するような言動があった場合には、叱責の手段が不相当であるといえ、注意指導の範囲を超えることもあります。部下のした行為と叱責の内容・手段との相関関係によりパワハラに該当するか否かが決せられます。

📌　「労働者の就業環境が害される」言動かどうか

　「労働者の就業環境が害される」言動かどうかは、「平均的な労働者の感じ方」を基準に判断されます。

　そして、パワハラ運用通達第1・1(3)イ⑥によれば、「言動の頻度や継続性は考慮されるが、強い身体的又は精神的苦痛を与える態様の言動の場合には、一回でも就業環境を害する場合があり得る」とされています。

　例えば、叱責の際、「アホ」「ボケ」等侮辱的な発言をしたり、部下に向かって書類を投げつけたりするような行為をした場合には、「平均的な労働者の感じ方」からすれば、部下に強い精神的苦痛を与える態様の言動といえ（部下に向かって書類を投げつけるのは身体的苦痛を与えることにもなります。）、「労働者の就業環境が害される」言動と解されるでしょう。

★　裁判例では

　不正経理を行った部下に対する叱責が指導の範疇に属するか否かについて争われた裁判例として、第一審と控訴審の判断が分かれた前田道路事件（控訴審：高松高判平21・4・23労判990・134、原審：松山地判平20・7・1労判968・37）があります。

　この事案は、道路舗装大手会社の営業所長となった部下が、さらに部下に命じて架空出来高の計上等の不正経理を開始し、上司から、架空出来高の計上等を是正するよう指示を受けたにもかかわらず、これを是正することなく漫然と不正経理を続けていたというものです。その当時、部下が所属する営業所においては、工事着工後の実発生原価の管理等を正確かつ迅速に行うために必要な工事日報を作成しておらず、これを知った上司から、毎朝その日の工事出来高予定の報告を求められていました。部下はさらに架空出来高の計上を続け、架空工事分の工事日報が存在しなかったことから、またしても工事日報が作成されていないことを発見した上司から会議で、「営業所には1800万から2000万近い借金があるんだぞ」と現状を再確認した上で、「達成もできない返済計画を作っても業績検討会などにはならない」、「現時点で既に1800万円の過剰計上の操作をしているのに過剰計上が解消できるのか。出来る訳がなかろうが」、「会社を辞めれば済むと思っているかもしれないが、辞めても楽にはならないぞ」等と厳しく叱責されました。そして、部下Aは、その直後に自殺しました。

　第一審の松山地裁では、上司の叱責と自殺の因果関係を認めた上で、会社は自殺の予見が可能であったとして安全配慮義務違反を認定しましたが、もっとも、6割の過失相殺をし、会社に対し約3100万円の支払を命じました。会社の責任を認めつつも、部下の不正経理という問題

行動について過失相殺を認めた、折衷的な判断といえます。

　控訴審の高松高裁では、不正経理をしていた男性への上司らの叱責などの厳しい改善指導は、正当な業務の範囲内にある、過剰なノルマ達成の強要や執拗な叱責とは認められず、不法行為には当たらない旨判示し、第一審判決が取り消され、遺族側の請求が棄却されました。

　このように部下が不正経理という違法行為をしたとしても、叱責の手段（会議の席上）で、「会社を辞めれば」等といった言辞を用いて叱責した場合には、上司の言動が違法と判断されるおそれもあります。会社や従業員にとって不幸な結果にならないためにも、注意指導に用いる手段については、より一層の配慮が必要であることが示唆されている裁判例です。

> **Case 14**　同僚間でしている罰ゲームとして、ミスが続いた同僚の顔写真付ポスターを作成し、職場に掲げた
>
> 　ミスが続く同僚がいるので、他の同僚たちと罰ゲームを考え、冗談のつもりで「この者とは一緒に仕事をしたくありません」という標語を記載したミスの続く同僚の顔写真付きのポスターを作成し、皆の目に入るよう職場に掲示したのですが、同僚相手でもパワハラに該当するのでしょうか。

専門家の眼

　パワハラの定義の「優越的な関係」は、上司部下といった上下関係だけではなく、同僚間のいじめのような関係であっても、これに該当します。さらに、「この者とは一緒に仕事をしたくありません」という標語を記載した顔写真付きのポスターを掲示する行為は、措置義務の対象となるパワハラに該当します。

★　同僚間のパワハラ

　パワハラの典型は、「上司」から「部下」に対して行われるものです。しかし、パワハラ指針2(4)では、パワハラの定義である「優越的な関係を背景とした」とは、上司部下の関係に限らず、「当該言動を受ける労働者が当該言動の行為者とされる者（以下「行為者」という。）に対して抵抗又は拒絶することができない蓋然性が高い関係」を背景とし

て行われるものを指しています。「例えば」として以下の3つが例示されています。

・職務上の地位が上位の者による言動
・同僚又は部下による言動で、当該言動を行う者が業務上必要な知識や豊富な経験を有しており、当該者の協力を得なければ業務の円滑な遂行を行うことが困難であるもの
・同僚又は部下からの集団による行為で、これに抵抗又は拒絶することが困難であるもの

　具体的には、先輩後輩間のパワハラ、正社員から非正規社員へのパワハラ、同僚間のパワハラ、そして、部下から上司へのパワハラもあり得ます。

　部下から上司へのパワハラは想起しにくいですが、例えば、部下の方が上司より、IT業務に対して豊富な知識や経験を有していて、部下の協力がないと円滑な業務遂行ができないといったケースが考えられます。他方で、同僚間のパワハラは、集団でのいじめ・無視といったことが考えられます。

　同僚間のパワハラに関する裁判例としては、国・京都下労基署長（富士通）事件（大阪地判平22・6・23労判1019・75）があります。同僚の女性社員7名によるいじめや嫌がらせが問題となった事案です。毎日のようにSNSメッセージを使って悪口を送信したり、「これから本格的にいじめてやる」と言ったりしたことについて、判示では、「個人が個別に行ったものではなく、集団でなされたものであって、しかも、かなりの長期間、継続してなされたものであり、その態様もはなはだ陰湿であった。」「その陰湿さ及び執拗さの程度において、常軌を逸した悪質なひどいいじめ、いやがらせというべきものであって、それによって原告が受けた心理的負荷の程度は強度であるといわざるをえない」と判断されました。

　したがって、本事例のような同僚間のいじめのケースも、パワハラの定義にいう「優越的な関係を背景とした」に該当します。

📌　ポスターを掲示する行為

　さらに、顔写真付きのポスターを掲示する行為は、具体的には、パワハラの定義のうち、「業務上必要かつ相当な範囲を超えた」言動かどうか、そして、「労働者の就業環境が害される」言動かどうかが問題となります。

　裁判例でも、職場に「この者とは一緒に勤務したくありません！」「舟艇課一同」等と記載された被害者の顔写真付きポスターを掲示した行為が問題となった事案があります（東京都ほか（警視庁海技職員）事件＝東京高判平22・1・21労判1001・5）。このようなポスターの掲示は、心理的に追いつめて圧力をかけ、辞職せざるを得なくなるように仕向ける目的で、名誉を毀損し、侮辱するものであり、違法である旨、判断されました。

　本事例のような侮辱的な言葉を記載した顔写真付ポスターの掲示は、業務上必要なものでもありませんし、手段として不相当です。また、労働者の就業環境も害するものであり、パワハラに該当します。

📌　冗談では許されない言動

　令和4年6月23日のNHKのネットニュースにおいて、住宅会社の男性社員が、上司から勤務成績を表彰する「賞状」を、病気の「症状」ともじり「大した成績を残さず、あーあって感じ」などと侮辱することばを書いて渡されるなどのパワハラを繰り返された末、自殺したとして、遺族が住宅会社などに対して8000万円余りの損害賠償請求訴訟を提起した旨の報道がありました。

　実際の裁判例でも、販売目標数未達の社員に、研修会参加の際、ウサギの耳の形をしたカチューシャを付ける等したコスチュームを着用して参加するように強要した事案があります（K化粧品販売事件＝大分地判平25・2・20労経速2181・3）。このような行為は、目的が正当なものであったとしても、もはや社会通念上正当な職務行為であるといえず、心理的負荷を過度に負わせる行為であると判示されています。

　これ以外にも、朝礼や挨拶の席上で、冗談のつもりで発した言葉が部下や同僚の名誉を毀損したり侮辱的な言動になってしまったりすることがあります。

　行為者としては冗談のつもりでも、受け手側からすれば、冗談では許されない精神的苦痛を与える言動に当たり得ることがあります。職場における安易な言動にはくれぐれも注意が必要です。

> **Case 15**　部下から暴言で罵られたので、同じく暴言で言い返した
>
> 　部下を指導している最中に、いきなり「バカ上司」などと罵られました。急なことで、余りにも腹が立って、とっさに「アホ」「ボケ」と重ねて言い返してしまいました。すると、当該部下から、「上司が部下に対し、「アホ」「ボケ」という発言をするのは、パワハラになる。総務に報告する。」と言われました。部下から上司への「バカ上司」発言があって言い返しただけなのに、上司から部下への同様の発言だけがパワハラに該当するのでしょうか。

専門家の眼

　「アホ」や「ボケ」と言い返した言動については、部下の侮蔑的な言動に起因するものですが、言い返す必要まではないものであり、注意指導の範囲を超え、雇用管理上の措置義務の対象となるパワハラに該当するおそれがあります。

✦　「精神的な攻撃」に該当するか

　部下が「バカ上司」と発言したことに対し、「アホ」「ボケ」と言い返した言動は、パワハラの6類型のうち、「精神的な攻撃」に該当するかどうかが問題となる行為です。

　「アホ」「ボケ」という言葉は、部下を侮辱するような言動です。し

かし、「アホ」「ボケ」は、関西地方ではいわゆる「ツッコミ」の一つとして日常会話でも使われる言葉であり、「冗談」であるとも捉えられる余地のある言葉でもあります。

　加えて、上司が「アホ」「ボケ」という発言をしたのは、部下が、「バカ上司」と発言したことに対して、言い返したという意味合いもあります。

　さて、この上司の発言は、許される言動なのか、それとも行き過ぎたパワハラであるかどうかを検討します。

　具体的には、パワハラの定義のうち、「業務上必要かつ相当な範囲を超えた」言動かどうか、そして、「労働者の就業環境が害される」言動かどうかという問題となります。

✈　「業務上必要かつ相当な範囲を超えた」言動かどうか

　上司の指示に従わない部下に対して注意を促すことは正当な指導といえますが、いくら業務の改善が目的にあるとしても、その注意の内容や手段が相当な範囲を超える場合には、パワハラに該当するといえます。

　上司の指示に従わない場合には、指示の内容をさらに具体的に伝えて注意を促したり、余りにも指示に従わない場合には、業務命令違反として懲戒処分を検討するというのが通常の方法です。

　その注意の過程で、いくら激高したからといっても、例えば「アホ」「ボケ」というような不穏当な発言をする必要はありませんし、その発言内容も不相当なものです。

　したがって、「アホ」「ボケ」という言葉を用いた注意指導は、「業務上必要かつ相当な範囲を超えた」言動といえるでしょう。

✒ 「労働者の就業環境が害される」言動かどうか

　しかし、「アホ」「ボケ」はついつい一度口走ってしまった程度であり、これが、「労働者の就業環境が害される」言動かどうかが問題となります。

　「労働者の就業環境が害される」言動か否かは、「平均的な労働者の感じ方」を基準に判断されます。

　また、パワハラ運用通達第1・1(3)イ⑥によれば、「言動の頻度や継続性は考慮されるが、強い身体的又は精神的苦痛を与える態様の言動の場合には、一回でも就業環境を害する場合があり得る」とされています。

　「アホ」「ボケ」、さらに「殺すぞ」といったような言葉は極めて不穏当な発言であり、一回でも強い精神的苦痛を与えかねない発言ですので、平均的な労働者を基準とした場合、「労働者の就業環境が害される」言動といえるでしょう。

✒ 裁判例では

　指示どおり作業を行っていなかった部下（派遣社員）を叱責する際に「あほ」と発言したことが問題となり、会社の使用者責任等が問われた裁判例があります（大阪高判平25・10・9労判1083・24）。

　会社側は、「あほ」との発言は、証拠上3回であり、これも部下に業務上のミスがあったため叱責する業務指導であり、関西では日常的に威圧や侮蔑の意図なく用いられている言葉であると主張しました。

　しかし、裁判所は、「『あほ』に至っては口を極めて罵るような語調となっているのであり、これに対し、被控訴人（筆者注：部下）が一応反論や弁解を述べることが出来ているとしても、このような言葉は、事態に特段の重要性や緊急性があって、監督を受ける者に重大な落ち

度があったというような例外的な場合のほかは不適切といわざるを得ないところ、本件では、C（筆者注：上司）は重要な事態であった旨述べるものの、そうであれば、何故上記のような極端な言辞を用いての指導を行うのか、その趣旨ないし真意と事態の重要性を被控訴人（筆者注：部下）が理解できるように説明すべきであるといえる。本件では、用いられた言辞に相応しい緊急性、重要性のある事態であったといえるかは疑問であるというほかはないから、不適切といわざるを得ない。」と判示されました。

　当該裁判例では、「事態に特段の重要性や緊急性があって、監督を受ける者に重大な落ち度があったというような例外的な場合」には「あほ」という言葉が許容される余地も残していますが、「あほ」という言葉が許容されるような特段の緊急性や重大性があって、部下に重大な落ち度があるという場面は想定し難いものです。

　やはり、「アホ」という言葉はそれ自体、上司が注意指導で用いる言辞としては不適切であり、部下に対し、「アホ」と発言することは、パワハラに該当すると判断されるおそれがあります。したがって、冗談であったとしても「アホ」という言葉を用いて注意指導することは避けるべきです。

コラム　部下から上司に対するパワハラ（その1）

　本事例では、部下から上司に対して、「バカ上司」という発言がなされています。パワハラは、一般的には、パワー（権力）を有する上司から弱い立場の部下に対してなされるものですが、部下から上司に対するパワハラは成立するのでしょうか。

　措置義務の対象であるパワハラは、①優越的な関係を背景とした、②業務上必要かつ相当な範囲を超える、③労働者の就業環境を害するものという3要素により判断されます。このうち、①の「優越的な関係を背景

とした」については、パワハラ指針によれば、典型的な上司から部下への言動だけではなく、同僚同士の言動や、部下から上司に対する言動も優越的な関係を背景としたものと評価されます。

　具体的には、パワハラ指針2(4)では、部下による言動で、「当該言動を行う者が業務上必要な知識や豊富な経験を有しており、当該者の協力を得なければ業務の円滑な遂行を行うことが困難であるもの」は「優越的な関係を背景とした」言動であると記載されています。

　具体的には、部下のITスキルなしでは業務が遂行できない場合などがこれに当たります。

　実際の裁判例でも、部下から「エクセルのお勉強をしてください。分からなかったら娘さんにでも教えてもらってください。」などと部下から上司に対して辛辣な発言があった事案で、上司のうつ病発症につき業務起因性が認められたものがあります（京都地判平27・12・18（平25（行ウ）33））。

　本事例での「バカ上司」との部下の発言ですが、発言の内容は不適切ですが、優越的な関係を背景としたものでなく、1回きりの発言であれば、パワハラとは判断されないものと考えられます。しかし、部下の方が優越的な地位にあり、継続的に上司を侮辱するような発言をした場合には、パワハラに該当することもあります。

3　人間関係からの切り離し

専門家の眼

　中途採用の新人の人材育成のため、別室で個別に指導教育することは、業務上必要があるといえますし、短時間であれば、当該新人の就業環境を害するとはいえませんので、雇用管理上の措置義務の対象となるパワハラに該当しないと判断されます。

★　「人間関係からの切り離し」に該当するか

　部下を別室隔離する行為は、パワハラの6類型のうち、「人間関係からの切り離し」に該当するかどうかが問題となる行為です。

　パワハラ指針2(7)ハ(イ)①においては、「自身の意に沿わない労働者に対して、仕事を外し、長期間にわたり、別室に隔離したり、自宅研修させたりすること」が、パワハラに該当すると考えられる例として挙げられています。

　しかし、本事例のように、中途採用の新人がおり、現場でのOJT（オンザジョブトレーニング・実地研修）が新人研修として適さない場合、別室で映像を見せたり、個別に指導したりする必要が出てきます。このように、他の従業員から隔離して、研修を受けさせることはパワハラに該当するのでしょうか。

　具体的には、パワハラの定義のうち、「業務上必要かつ相当な範囲を超え」、「労働者の就業環境が害される」言動かどうかが問題となります。

✒　「業務上必要かつ相当な範囲を超え」、「労働者の就業環境が害される」言動かどうか

　新卒一斉採用の場合には、集団で研修を受けさせることが一般的ですが、中途採用の場合には、一人で新人研修を受けることになります。中途採用者が携わる業務のスキルが高い場合には、OJT（オンザジョブトレーニング・実地研修）により、いきなり現場での仕事に取り掛かれる場合もあるでしょうが、そうではない場合、現場での研修の前に、個別に新人研修の際の映像を見せたり、別室で個別指導をしたりする必要が生じます。

　それは、「業務上必要」なことですし、決して、当該中途採用者を他の従業員から意図的に隔離するものでもありません。

　したがって、「短期間集中的」に別室で研修を受けさせる限りにおいては、パワハラに該当しないといえます。

　パワハラ指針2(7)ハ(ロ)①においても、「新規に採用した労働者を育成するために短期間集中的に別室で研修等の教育を実施すること」が、パワハラには該当しないと考える例として挙げられています。

　しかし、別室研修の期間が余りにも長い場合には、「相当な範囲を超え」、「労働者の就業環境が害される」ことになるので注意が必要です。

★　裁判例では

　他の従業員との隔離が問題となった裁判例として、国際信販事件（東京地判平14・7・9労判836・104）があります。

　旅行事業部の経理担当をしていた従業員が、根拠不明の経理処理の調査をし始めたことにより、同僚の従業員らが反発し、非協力的な態度をとるようになり、そのうち、特に仕事を与えられなくなり、一日中机の前に座っているように指示されたりした事案です。休暇申請をした際は、ホワイトボードに「永久に欠勤」と書かれるといった、いじめのような行為も見られました。

　そして、隔離行為として、座席の移動を命じられ、他に使用可能な机があるにもかかわらず、以前に資料置き場として使用していた壁に面した机に他の従業員らに背中を向ける形で座らされた行為がありました。しかも、机と後ろの机までの間隔は約35センチしかなく、座る十分な余裕はない席で、他の従業員が通り過ぎた際に、椅子を蹴られたり、「邪魔だ」と言われたりもした事案です。

　隔離行為以外にも複数のパワハラ行為が融合している裁判例ですが、会社だけではなく、事実を知りながら特段の防止措置をとらなかった等の理由で、代表取締役個人にも、損害賠償責任が認められました。

　当該裁判例の事案は、本事例のように中途採用の従業員の研修という業務上の必要性がない、いわば、「嫌がらせ」や「いじめ」の範疇に属する事案です。一人の従業員を、集団から隔離して仕事をさせる場合には、業務上の必要性がなければなりません。

> | Case
17 | 能力に問題があり、顧客からのクレームが絶
えない部下を仕事から外し、自宅研修をさせた |
> | --- | --- |
>
> 　上司の指示も受けずに仕事を進めようとして、勝手に顧客等に連絡をとってしまう部下がいます。しかし、コミュニケーション能力が乏しく、当該部下が連絡をした顧客からのクレームが絶えない状態です。このような部下を職場に置いていることで、他の従業員の手間が増えていることから、現場の仕事から外し、自宅研修を命じました。職場全体に被る不利益に対応しているつもりなのですが、これはパワハラに該当するのでしょうか。

専門家の眼

　能力に問題があり、顧客からクレームを受けることが多い部下であっても、職場の仕事から外して、自宅研修をさせておくことは、「人間関係からの切り離し」として、雇用管理上の措置義務の対象となるパワハラに該当すると判断されます。

★　「人間関係からの切り離し」に該当するか

　能力に問題のある部下を仕事から外し、自宅研修をさせる行為は、パワハラの6類型のうち、「人間関係からの切り離し」に該当するかどうかが問題となる行為です。

　パワハラ指針2(7)ハ(イ)①においては、「自身の意に沿わない労働者に対して、仕事を外し、長期間にわたり、別室に隔離したり、自宅

研修させたりすること」が、パワハラに該当すると考える例として挙げられています。

　しかし、本事例のように、上司の指示も受けずに勝手に顧客に連絡をとり、顧客からのクレームも絶えず、さらには他の従業員が事後処理にかかりきりになってしまうような仕事をする部下がいた場合、他の従業員から隔離して、自宅研修を受けさせることはパワハラに該当するのでしょうか。

　具体的には、パワハラの定義のうち、「業務上必要かつ相当な範囲を超え」、「労働者の就業環境が害される」言動かどうかという問題となります。

✈　「業務上必要かつ相当な範囲を超え」、「労働者の就業環境が害される」言動かどうか

　上司の指示も受けずに、勝手に顧客に連絡をとり、顧客からのクレームも絶えず、さらには他の従業員に迷惑がかかっている状況では、当該部下を担当業務から外したくもなる点は理解できます。

　しかし、一足飛びに、担当業務から外すのではなく、「上司の指示も受けずに仕事を進めないこと」「なぜ顧客に勝手に連絡をとったのか」というような注意指導をまず行うべきでしょう。

　そのような注意指導も経ずに、従業員を自宅研修させることは、「業務上の必要」もなく、「相当な範囲を超え」、「労働者の就業環境を害する」行為となり、「人間関係からの切り離し」として、パワハラに該当します。

　なお、注意指導を行ったにもかかわらず、独断で顧客に連絡をとるような仕事を進める行為を繰り返す場合には、業務命令違反として、まずは、戒告（訓告、譴責）等の懲戒処分を検討しましょう。

✒ 裁判例では

　高校の教諭に対して、11年以上にわたり、クラス担任、授業及び公務分掌の一切から外して、机に座っている以外に仕事を与えず、職員室内に隔離したり、さらに4年以上別室に隔離したり、そして、5年以上にわたり、自宅研修命令により自宅にいるよう拘束したりするなどの仕事外しをしたことは、業務命令権の範囲を逸脱して違法であるとして、600万円の慰謝料の支払を命じた裁判例があります（松蔭学園事件＝東京高判平5・11・12判タ849・206）。

　なお、一審判決（東京地判平4・6・11判タ795・140）では、自宅研修命令は、4年以上の別室隔離によっても、自発的に退職の意思を示さない当該教諭に対して、さらに追い打ちをかけたものであって、完全に排除することを意図してされた仕打ちという他はなく、違法行為であるとされています（当該教諭が、労働組合の組合員であることを理由とする労働組合法上の不当労働行為にも該当するとされています。）。

Case **18**　懲戒処分を受けた従業員が通常業務に復帰する前に、別室で研修を受けさせた

　度重なるミスをして停職処分の懲戒処分を受けた従業員がいます。当該従業員が通常業務に復帰するに伴い、復帰の前に一時的に別室で、業務内容に関するマニュアル動画を見せたり、配属先で同じ業務をする担当者を呼んで、マンツーマンで作業手順の指導を受けてもらったりするといった研修を予定していますが、このような別室隔離の研修を受けさせることは、パワハラになるのでしょうか。

専門家の眼

　度重なるミスで停職処分の懲戒処分を受けた従業員の教育のため、別室で個別に指導することは、業務上必要があるため、雇用管理上の措置義務の対象となるパワハラに該当しないと判断されます。

★　「人間関係からの切り離し」に該当するか

　部下を別室隔離する行為は、パワハラの6類型のうち、「人間関係からの切り離し」に該当するかどうかが問題となる行為です。

　パワハラ指針2(7)ハ(イ)①においては、「自身の意に沿わない労働者に対して、仕事を外し、長期間にわたり、別室に隔離したり、自宅研修させたりすること」が、パワハラに該当すると考えられる例として挙げられています。

　しかし、本事例のように、度重なるミスをして懲戒処分を受けた従業員がおり、その従業員をいきなり現場に復帰させて同じ業務をさせることにより再度のミスが引き起こされるおそれのある場合には、別室で業務内容に関するマニュアル動画を見せたり、マンツーマンの個別指導をしたりする必要が出てきます。このように、他の従業員から隔離して、研修を受けさせることはパワハラに該当するのでしょうか。

　具体的には、パワハラの定義のうち、「業務上必要かつ相当な範囲を超え」、「労働者の就業環境が害される」言動かどうかという問題となります。

✈　「業務上必要かつ相当な範囲を超え」、「労働者の就業環境が害される」言動かどうか

　同じ職場で働く従業員に同じスキルを身に着けさせるためには、集団で研修を受けさせることが一般的です。しかし、度重なるミスをした従業員を指導する場合には、集団研修を受講させるだけでは、教育的な効果が薄いおそれがあります。かといって、十分な教育をしないままに、再度同じようなミスを起こされるとなると、会社にとって大きな損害が発生するおそれもあります。

　そこで、停職処分が明けて、通常勤務に復帰するに当たり、別室で個別指導をしたりする必要が生じます。それは、「業務上必要」なことですし、当該従業員を他の従業員から意図的に隔離するものでもありません。

　したがって、本事例の別室での個別指導は、「業務上必要かつ相当な範囲を超え」、「労働者の就業環境が害される」言動には該当しないと考えられます。

　パワハラ指針2(7)ハ(ロ)②においても、「懲戒規定に基づき処分を

受けた労働者に対し、通常の業務に復帰させるために、その前に、一時的に別室で必要な研修を受けさせること」が、パワハラには該当しないと考える例として挙げられています。

　しかし、別室研修の期間が余りにも長い場合には、「相当な範囲を超え」、「労働者の就業環境が害される」ことになるので注意が必要でしょう。

Case
19
協調性のない同僚とのトラブルを避けるた
め、他の同僚らがしているように自分も無視を
した

　協調性のない同僚がいます。コミュニケーションがとりづらい
こともあり、一緒に仕事をした同僚とも、いつもトラブルになっ
ています。最初は、部署の同僚たちは皆、当たり障りのない会話
をしていたのですが、トラブルになることに嫌気が差し、最近で
は、もう話しかけられても、無視するようになりました。トラブ
ルを避けたいだけなのですが、結果的に、このように一人の社員
を、部署の皆で無視することは、パワハラになるのでしょうか。

専門家の眼

　コミュニケーションがとりづらく、協調性のない同僚であっても、
部署全員で無視することは、「人間関係からの切り離し」として、雇用
管理上の措置義務の対象となるパワハラに該当すると判断されます。

📌　「人間関係からの切り離し」に該当するか

　同僚を集団で無視する行為は、パワハラの6類型のうち、「人間関係
からの切り離し」に該当するかどうかが問題となる行為です。
　パワハラ指針2(7)ハ(イ)②においては、「一人の労働者に対して同
僚が集団で無視をし、職場で孤立させること」が、パワハラに該当す
ると考えられる例として挙げられています。

しかし、本事例のように、コミュニケーションがとりづらく、一緒に仕事をした同僚とも、いつもトラブルになるような従業員がいる場合、トラブル回避のために同僚らが無視することはパワハラに該当するのでしょうか。

✦　同僚間の言動でもパワハラは成立するのか

パワハラの典型例は、上司が部下に対し、指導を超え、行き過ぎた言動をすることです。すなわち、加害者と被害者間には、「上下関係」があり、上司というパワーを持つ立場の者が、部下に対して、行う言動が一般的に例として挙げられるパワハラの関係です。

しかし、パワハラの判断に当たり、「優越的な関係を背景とした」とは、上下関係に限らず、「当該言動を受ける労働者が……行為者……に対して抵抗又は拒絶することができない蓋然性が高い関係」を背景として行われるものを指します（パワハラ指針2(4)）。同僚間であっても、このような関係に立つ場合には、パワハラに該当します。

同僚への無視の事案ではないですが、同僚間のパワハラが問題となった裁判例として、同僚の女性社員7名によるいじめや嫌がらせ（毎日のようにＳＮＳメッセージを使って悪口を送信したりしていた。）について、違法と判断された事例（国・京都下労基署長（富士通）事件＝大阪地判平22・6・23労判1019・75）があります。

✦　「業務上必要かつ相当な範囲を超え」、「労働者の就業環境が害される」言動かどうか

次に、同僚間で無視をすることは、パワハラの定義のうち、「業務上必要かつ相当な範囲を超え」、「労働者の就業環境が害される」言動かどうかが問題となります。

　コミュニケーションがとりづらく、一緒に仕事をした同僚と、いつもトラブルになるような従業員がいる場合、トラブル回避のための方策をとることは一定程度必要です。

　しかしながら、業務を遂行する上で、完全に無視をしてしまうと、意思疎通が全く図れず、業務上必要な事項の伝達すらできなくなります。また、無視することで、当該従業員が職場内で孤立してしまいます。

　したがって、集団で無視することは、業務上の必要性も認められず、相当な行為でもなく、「労働者の就業環境が害される」言動といえ、パワハラに該当すると判断されます。

📌 裁判例では

　一人の従業員を「のけ者」にするようないじめが行われた裁判例として、美研事件（東京地判平20・11・11労判982・81）があります。当該従業員は、常時監視されているような状態に置かれ、新人を近づけさせない、挨拶しても返してくれないなどのいじめに遭いました。そして、美研事件では、その他の言動も含めて、いじめをした者ら及び会社に不法行為が成立するとして、慰謝料を含む損害賠償請求が認められました。

Case
20
内部告発をした従業員を、他の従業員との接触に伴う悪影響を懸念して、離れた個室に席を配置した

　会社の不正行為を内部告発した従業員がいます。他の従業員と一緒にいると、周囲への悪影響が懸念されたため、当該内部告発をした従業員を、他の従業員とは離れた個室に席を配置したのですが、このような行為はパワハラに該当するでしょうか。

専門家の眼

　会社の不正行為を内部告発した従業員に対し、他の従業員とは離れた個室に席を配置する行為は、「人間関係からの切り離し」に該当し、雇用管理上の措置義務の対象となるパワハラに該当すると判断されます。

✒ 「人間関係からの切り離し」に該当するか

　従業員を他の従業員から離れた個室に配置する行為は、パワハラの6類型のうち、「人間関係からの切り離し」に該当するかどうかが問題となる行為です。

　パワハラ指針2(7)ハ(イ)①においては、「自身の意に沿わない労働者に対して、仕事を外し、長期間にわたり、別室に隔離したり、自宅研修させたりすること」が、パワハラに該当すると考える例として挙げられています。

　他方で、「新規に採用した労働者を育成するために短期間集中的に別室で研修等の教育を実施すること」(パワハラ指針2(7)ハ(ロ)①)や「懲戒規定に基づき処分を受けた労働者に対し、通常の業務に復帰させるために、その前に、一時的に別室で必要な研修を受けさせること」(パワハラ指針2(7)ハ(ロ)②)は、パワハラに該当しないと考えられる例として挙げられています。

　該当例と非該当例の差は、教育や指導といった業務上の必要性があるか、そして、その期間が業務上の必要性に比例した相当な期間であることの2点にあると考えられます。

　本事例のように、会社の不正行為を内部告発したことを契機として、個室に配置する行為は、業務上の必要性が見い出せません。内部告発したことにより、他の従業員に悪影響があるという考えは通用しませんし、内部告発への報復行為として捉えられる行為です。

　したがって、内部告発した従業員を個室へ配置する行為は、「業務上必要かつ相当な範囲を超え」、「労働者の就業環境が害される」言動であるといえ、パワハラに該当するといえます。

★　裁判例では

　内部告発に起因する別室隔離が問題となった裁判例として、勤務先にヤミカルテルがあることを新聞社に内部告発した従業員に対し、これに対する報復として、それまで営業の一線で働いていたにもかかわらず、旧教育研修所に異動させた上で、業務上の必要性がないのに、20数年以上、他の社員とは離れた2階個室に席を配置し、他の社員との接触を妨げ、研修生の送迎等の補助的で特に名目もない雑務しか与えず、昇格もストップしたという事案があります(富山地判平17・2・23判タ1187・121)。当該裁判例では、賃金差額の損害として、1000万円超の賠

償請求、慰謝料として200万円の請求が認められました。

　当該裁判例は、内部告発への嫌悪からなされた報復行為であり、「業務上の必要性」もなく、また、隔離の態様も「労働者の就業環境が害される」ものであったといえます。

| コラム | 公益通報者保護法との関係 |

　現在では、公益通報者保護法により、事業者に対し、公益通報をしたことを理由とする不利益取扱いが禁止されていることから（公益通報者保護法5条）、本事例と同種の事案が発生すれば、公益通報者保護法との関係も問題となります。

　ただし、公益通報に該当するためには、通報対象事実が、一定の対象となる法律に違反する犯罪行為や過料対象行為等であることが求められており、対象ではない法律に違反しても、その通報は、公益通報には該当しません。

　本事例の不正行為の告発行為が、公益通報とされた場合には、その報復行為としての配置転換は、不利益取扱いとなり、無効となります。

　また、解説に記載したように、本事例の報復行為は、パワハラにも該当します。いずれにせよ、報復行為は、会社や加害者に対する損害賠償請求の対象となる行為です。

> **Case 21** 自分勝手に仕事を進める従業員がトラブルを起こさないよう、トラブルに繋がりそうなミーティングの資料や情報を与えなかった
>
> 　ミーティングを開いても、不用意な発言で和を乱したり、自身の担当外にもかかわらず少しでも仕事の営業情報を得ると、他の同僚が担当している顧客に勝手に電話したりするなど、部署にとって勝手な仕事をする従業員がいます。当該従業員が勝手に仕事を進めてトラブルとなることのないように、ミーティングの日時を教えず資料を渡さなかったり、顧客資料を渡さなかったりする等、仕事上の情報をなるべく与えないようにしています。このような対応は、パワハラに該当するのでしょうか。

専門家の眼

　仕事に問題の多い従業員であっても、仕事に関する情報を与えないことは、「人間関係からの切り離し」として、雇用管理上の措置義務の対象となるパワハラに該当すると判断されます。

★　「人間関係からの切り離し」に該当するか

　仕事の情報を与えない行為は、パワハラの6類型のうち、「人間関係からの切り離し」に該当するかどうかが問題となる行為です。

　パワハラ指針2(7)ハ(イ)②においては、「一人の労働者に対して同僚が集団で無視をし、職場で孤立させること」が、パワハラに該当す

ると考えられる例として挙げられています。

　しかし、本事例のように、不用意な発言で和を乱したり、自分勝手に仕事をする従業員がいる場合、トラブル回避のために仕事の情報を与えないことはパワハラに該当するのでしょうか。

★ 「業務上必要かつ相当な範囲を超え」、「労働者の就業環境が害される」言動かどうか

　自分勝手な仕事をする従業員に仕事の情報を与えないことは、パワハラの定義のうち、「業務上必要かつ相当な範囲を超え」、「労働者の就業環境が害される」言動かどうかが問題となります。

　本事例にように、仕事に問題の多い従業員がいる場合、トラブル回避のための方策をとることは一定程度必要です。

　しかしながら、業務を遂行する上で、ミーティングの日時も教えないなどの仕事の情報を与えないようにしてしまうと、当該従業員は、業務上必要な情報を入手できず、業務が遂行できなくなります。また、情報を与えられないことで、当該従業員が職場内で孤立してしまいます。

　したがって、仕事の情報を与えないことは、業務上の必要性も認められず、相当な行為でもなく、パワハラに該当するといえます。

★ 類似する行為

　本事例の「ミーティングの日時を教えてもらえない」「資料を渡されない」といった行為に類似する行為としては、以下のような例が挙げられます。
① チームで業務を行っているのに、一人だけメールが届かない
② 業務上の連絡ツールであるチャットグループに入れてもらえない

③　業務の仕方を聞いても、教えてもらえない

　いずれの行為も、業務上の必要性や相当性がない「人間関係からの切り離し」としてパワハラに該当する行為です。

📌　裁判例では

　大和証券ほか1社事件（大阪地判平27・4・24労判1123・133）では、

①　営業部であるのに、一人だけ異なる部屋に隔離

②　共有フォルダにも接続させない

③　他の営業部員が全員参加している朝会やコンプライアンス会議に被害者のみ出席させない

④　営業部の連絡網においても他の営業部員は順次他の営業部員に連絡することになっているのに、被害者は本店長が直接連絡することになっている

⑤　約1年間飛び込み営業に従事させ、1日100件訪問するように指示

⑥　被害者の営業活動により取引を希望した顧客の取引口座の開設を拒否

といった「人間関係からの切り離し」に当たるような嫌がらせがありました。これにより、出向先の日の出証券と出向元の大和証券に対し、連帯して不法行為に基づく慰謝料150万円の支払が命じられました。

> ┃コラム┃　部下から上司に対するパワハラ（その2）
>
> 　さて、本事例と同様の状況で、情報を多く持つ部下や、仕事に精通した部下が、上司に情報を教えなかったり、資料を渡さなかったりする場合には、部下から上司に対する行為は、パワハラに該当するでしょうか。
>
> 　パワハラは、多くの場合、パワー（権力）を有する上司から弱い立場の部下に対してなされるものですが、部下から上司に対するパワハラは

成立するのでしょうか。

　措置義務の対象であるパワハラは、①優越的な関係を背景とした、②業務上必要かつ相当な範囲を超える、③労働者の就業環境を害するものという3要素により判断されます。このうち、①の「優越的な関係」とは、パワハラ指針によれば、典型的な上司から部下への言動だけではなく、同僚同士の言動や、部下から上司に対する言動も優越的な関係を背景としたものと評価されることが示されています。

　具体的には、パワハラ指針2(4)では、部下による言動で、「当該言動を行う者が業務上必要な知識や豊富な経験を有しており、当該者の協力を得なければ業務の円滑な遂行を行うことが困難であるもの」は「優越的な関係を背景とした」言動であると記載されています。

　具体的には、部下のITスキルなしでは業務が遂行できない場合などがこれに当たります。

　上司より、情報量を多く持っていたり、仕事に精通していたりする部下がいる場合は、「業務上必要な知識や豊富な経験を有しており、当該者の協力を得なければ業務の円滑な遂行を行うことが困難である」ということがいえ、このような部下が上司に対し、情報を教えなかったり、資料を渡さなかったりする行為は、「優越的な関係を背景とした」言動に当たり、パワハラに該当するといえるでしょう。

4　過大な要求

> **Case 22**　新規採用者に対し、実地研修として、到達の難しいレベルの目標を課したところ、達成できなかったため、今後の期待を込めて厳しく叱責した

　新規採用者が、部下として配属されました。新人教育として、特別な教育や研修をする制度も時間もないので、OJT（オンザジョブトレーニング・実地研修）として、到底到達のできないレベルとは思いましたが、高いノルマ目標を課しました。頑張っているようでしたが達成できなかったため、今後の期待を込めて、厳しく叱責したのですが、このような指導はパワハラに該当するのでしょうか。

専門家の眼

　新入社員に業務を命ずること自体はパワハラではありませんが、何ら教育や研修をしないまま到底対応できないレベルの目標を課して、達成しなかったことを厳しく叱責することは、「過大な要求」として、雇用管理上の措置義務の対象となるパワハラに該当するといえます。パワハラ指針2(7)ニ(イ)②においても、「新卒採用者に対し、必要な教育を行わないまま到底対応できないレベルの業績目標を課し、達成できなかったことに対し厳しく叱責すること」が「過大な要求」に該当すると考えられる例として挙げられています。

✦　「過大な要求」に該当するか

　新入社員に業務を命ずること自体はパワハラではありませんが、必要十分な教育や研修をしないまま到底対応できないレベルの目標を課して、達成できなかったことを厳しく叱責することは、パワハラの6類型のうち、「過大な要求（業務上明らかに不要なことや遂行不可能なことの強制・仕事の妨害）」に該当するかどうかが問題となる行為です。

　具体的には、パワハラの定義のうち、「業務上必要かつ相当な範囲を超えた」言動かどうか、「労働者の就業環境が害される」言動かどうかという問題となります。

　まず、新入社員に業務を課すことは、「業務上必要」な行為です。しかし、必要十分な教育や研修をしないまま、到底対応できないレベルの目標を課し、達成できなかったことを厳しく叱責することは、「相当な範囲を超えた」言動といえます。

　また、平均的な労働者からすれば、このようなことで叱責されることは「就業環境を害する」行為であるともいえます。

　パワハラ指針2(7)ニ(イ)②においても、「新卒採用者に対し、必要な教育を行わないまま到底対応できないレベルの業績目標を課し、達成できなかったことに対し厳しく叱責すること」が「過大な要求」に該当すると考えられる例として挙げられています。

✦　新入社員とパワハラ

　(1)　「属性」によるパワハラ該当性

　パワハラ指針2(5)及びパワハラ運用通達第1・1(3)イ⑤では、「業務上必要かつ相当な範囲を超えた」言動の判断に当たり、「労働者の属性」等を考慮することが適当であると記されています。パワハラ運用通達第1・1(3)イ⑤では、「属性」には、労働者の経験年数や年齢が含まれ

得ることが記載されています。

　下記で紹介する裁判例でも、損害賠償請求の要件の検討に当たり、労働者が新入社員であったことが考慮されていることが分かります。

　例えば、新入社員でかつ、高校を卒業したばかりという点は、「属性」において着目されるべき点であり、上司には、このような「属性」に応じた注意指導の方法が求められます。

（2）　新入社員に対する過大な要求

　新入社員で何も知らないにもかかわらず、今日中に仕事を片付けておけと命じて、一人で遅くまで残業せざるを得ない状況にしたり、他の作業員らの終わっていない仕事を押し付けて、一人深夜遅くまで残業させたり、徹夜で仕事をさせたりしたことが、パワハラであると判断された裁判例があります（日本土建事件＝津地判平21・2・19労判982・66）。

　この裁判例は、「入社して2か月足らずで本件作業所に配属されてからは、極めて長時間に及ぶ時間外労働や休日出勤を強いられ、体重を十数キロも激減させ、絶えず睡眠不足の状態になりながら、一日でも早く仕事を覚えようと仕事に専念してきたことが認められる」と判示されており、長時間労働もあった事案です。パワハラ行為としては、他にも、勤務時間中にガムを吐かれたり、測量用の針の付いたポールを投げつけられて、足を怪我したりするなど「身体的な攻撃」類型のパワハラ行為も見られました。

　このようにパワハラ事案では、長時間労働が背景にあるなどした上に、6類型のパワハラ行為が混在しているケースも見られます。

（3）　ミスを繰り返した新入社員に対する厳しい叱責

　過大な要求のケースではありませんが、新入社員に対する叱責においては注意を要することが示唆されている裁判例があります。

　新入社員としてよくあるような範囲内の不注意等によるミスを繰り返したことから、上司から厳しい叱責を受け、新入社員が自殺に至っ

た事案があります（岡山県貨物運送事件＝仙台高判平26・6・27判時2234・53）。

　叱責等は、恒常的な長時間の時間外労働及び肉体労働により肉体的疲労の蓄積していた新入社員に対し、相当頻回に、他の従業員らのいる前であっても大声で怒鳴って一方的に叱責するというものであり、大きなミスがあったときには、「馬鹿」「馬鹿野郎」「何でできないんだ」「そんなこともできないのか」「帰れ」等の激しい言葉が用いられていました。業務日誌にも厳しいコメントを付される等していました。そして、このような指導方法は、新卒社会人の心理状態、疲労状態、業務量や労働時間による肉体的・心理的負荷も考慮しながら、過度の心理的負担をかけないよう配慮されたものとはいい難いと判示されたものです。

（4）　仕事の覚えが悪い新入社員に対する暴言

　過大な要求のケースではありませんが、暁産業ほか事件（福井地判平26・11・28労判1110・34）では、仕事の覚えが悪い高卒新入社員に対して、上司が、「学ぶ気持ちはあるのか、いつまで新人気分」「詐欺と同じ、3万円を泥棒したのと同じ」「毎日同じことを言う身にもなれ」「わがまま」「いつまでも甘甘、学生気分はさっさと捨てろ」「死んでしまえばいい」「辞めればいい」「今日使った無駄な時間を返してくれ」等、仕事上のミスに対する叱責の域を超えて、人格を否定し、威迫する内容の発言がなされた事案です。これらの言葉が経験豊かな上司から入社後1年にも満たない社員に対してなされたことを考えると典型的なパワーハラスメントといわざるを得ず、不法行為に当たると判断されました。

<table>
<tr><td>Case
23</td><td>ミスをした部下に業務の改善を促すために、
業務上は提出の必要はないが、上司が文章内容
を指示して作成させた「反省文」を提出させた</td></tr>
</table>

　ミスをした部下に対して、業務上は提出の必要はないのですが、業務の改善を促すため、「反省文」というタイトルの文書を提出させるつもりです。ミスのたびに「反省文」を提出してもらい、文章の内容は、上司である私が指示し、ミスの分析のほか、心構えや能力不足などの反省面にも触れた文章を作成させるつもりです。このような指示をする行為は、パワハラに該当しますか。

専門家の眼

　業務上の必要性がないのに、事あるごとに「反省文」というタイトルの文書を提出させ、しかも、上司が指示した文言を用いて文章作成を命ずることは、注意指導の範囲を超える「過大な要求」として、雇用管理上の措置義務の対象となるパワハラに該当するといえます。

✒　「過大な要求」に該当するか

　業務上必要のない「反省文」の作成を命ずることは、パワハラの6類型のうち、「過大な要求（業務上明らかに不要なことや遂行不可能なことの強制・仕事の妨害）」に該当するかどうかが問題となる行為です。
　他方で、上司がこのような「反省文」の作成を命じた理由は、部下

のミスに起因しており、部下に業務の改善を求める目的もあります。

　さて、この上司の行為は、注意指導の範疇に属するのか、それともそれを行き過ぎたパワハラであるかどうかが問題となります。

　具体的には、パワハラの定義のうち、「業務上必要かつ相当な範囲を超えた」言動かどうかという問題となります。

✦　「業務上必要かつ相当な範囲を超えた」言動かどうか

　ミスをした部下に業務の改善を促すために、ミスを指摘し、ミスの発生原因を突き止めて、そのミスを繰り返さないようにトレーニングをさせることは正当な指導といえます。いくら業務の改善が目的にあるとしても、その指導方法が、業務上不要で、相当な範囲を超える場合には、パワハラに該当するといえます。

　「反省文」というタイトルは不適切ではありますが、部下に対し、ミスの内容を報告させ、ミスの原因を分析して、今後に生かすようにする内容であれば、業務上必要であり、相当な範囲といえます。

　しかし、業務上の必要性がないのに、事あるごとに「反省文」というタイトルの文書の提出を迫り、上司が指示した文言を用いて、ミスの内容や原因分析とは関係のない文章を作成するように指示する行為はパワハラに該当します。

　例えば「報告書」の提出を命じた場合、逆に、部下から「パワハラである」との指摘を受けることもありますので、その際に、きちんと、提出を命じた文書が業務遂行に必要であること（事故やミスの事実報告、原因分析、改善点の指摘等）を具体的に説明できるようにしておきましょう。

✒ 裁判例では

（1）　「主任としての心構え」事件

名古屋労基署長（中部電力）事件＝遺族補償年金等不支給処分取消請求控訴事件（名古屋高判平19・10・31労判954・31）では、上司が、主任に昇格した部下に対し、自覚を促すとして、「主任としての心構え」を記載して提出するよう指示した行為が問題となりました。

上司は、部下が作成した文書を読み、上司自身が感じた部下の仕事上の問題点、主任として注意すべき点等について指摘して、書き直しを命じました。書き直しを命じられた部下は、他にいませんでした。その内容としては、主任としての経験不足をことさらに記載して、あたかも主任として知見が十分ではないかのような文章を加えさせました。また、主任級が管理職ではないにもかかわらず過大な責任意識を述べる文章も加えさせました。かかる文章の作成は、上司が独自に実施していたことでした。

判決では、このことが、心理的負荷が強かったことの一要因として認定され、うつ病発症と自殺との相当因果関係が認められました。

（2）　「就業規則の書き写し」事件

また、就業規則の書き写し等を命じたことが、労働者の人格権を侵害するとして、損害賠償請求が認められた事案があります（JR東日本（本荘保線区）事件＝最判平8・2・23労判690・12）。部下の従業員が、国労マーク入りのベルトを着用して保線作業をしていたところ、上司から就業規則に違反するとのことで、取り外すように命じられ、これに反発したことから、就業時から午後4時半頃まで就業規則の書き写し等をさせられ、翌日午前も腹痛を訴えるまで続けさせられました。部下の従業員が、就業規則の書き写し等は、違法な業務命令であるとして、勤務先と上司に対し慰謝料請求をした事案でした。

　いずれの裁判例も、本来の業務の遂行にとって、必要な文書作成ではない点が共通しています。

　(3)　「業務命令」「勤務態度改善命令」事件

　部長が部下に対し、「業務命令」と題される書面、「勤務態度改善命令」と題される書面に署名するよう求めたことが、不当な差別的取扱いに該当し、慰謝料発生原因となると主張された事案がありました（東京地判平25・9・26（平24（ワ）30471））。

　当該部下は、雇用されて1か月余り後から、上司及び先輩から指導を受けていたにもかかわらず、上司に対して営業活動の報告をせず、上司の確認を得ずに退勤し、社会人としてのマナーを守らないなど、その勤務態度に改善すべき点がありました。部長は、勤務態度について改善すべき点を認識させる趣旨で、上記「業務命令」を作成してこれに署名するよう求め、当該部下はこれに応じて署名しました。また、部長は、さらにその改善すべき点を具体的に認識させる必要があると考えて、「勤務態度改善命令」を作成してこれに署名するよう求めたところ、当該部下は、その記載された事項の一部に心当たりがなく、注意されるいわれはないとして、これに応じなかったのです。

　しかし、「業務命令」及び「勤務態度改善命令」の記載内容は、極めて基本的な礼節の類のものも存するものの、業務命令として、社会的に相当性を欠くものということはできない、また、署名することを求めたことは、相当な指導の範囲を逸脱するものとはいえないとされました。

　上記(1)(2)と(3)の事案の結論に違いが生じたのは、(3)の事案は、当該部下に問題行動があり、その改善を求めるために書面に署名させるという業務上の必要性があり、それが社会的に相当な範囲内であったことにあるといえます。

　(4)　異なる反省文を提出させた行為

　国家公務員共済組合連合会ほか〔C病院〕事件（福岡地小倉支判平27・

2・25労判1134・87) では、師長が、薬の取り違えをした看護師に対し、他に関与した看護師2名と比較して、落ち度が明らかに大きいとは認められないにもかかわらず、他の2名の看護師が作成した報告書とはその趣旨が異なるといえる反省文を1名にのみ書かせた行為が、不法行為に該当すると判断されました。このような取扱いは、複数の部下を指揮監督する者として、公平に失する扱いであったと認定されています。

(5)　始末書提出要求行為

　始末書の提出要求行為は、懲戒処分と併せて行われるよう就業規則に規定されている場合もあります。この場合は、始末書提出要求については、就業規則等に定められた懲戒処分の手続を踏む必要があります。

　そうではなく、単に、業務上の不手際の顛末の報告の意味で始末書の提出を求めることもあります。

　従業員が業務上の必要性もないのに、チャットワークの画面を開き、他人のメッセージの送受信を閲覧したことについて、職場規律維持の問題として、始末書の提出を求めたことは、明らかな誤りとはいえないと判示された事案があります（大阪地判平30・12・20（平29（ワ）1639））。

　とはいえ、本事案では、「執拗に始末書の提出を求めていない」「結果的に始末書を提出していない」ことが、違法性の判断に影響しています。

　業務命令により「始末書」の提出を求める場合には、業務内容の報告に必要な限りで、かつ、謝罪等を強要することのないようにするのが適切でしょう。

> **Case 24**
> 休憩時間にたばこを吸いたいので、業務に使う備品を買いに行く部下に命じ、ついでにたばこを買ってきてもらった
>
> 　休憩時間中にたばこを吸う習慣があるのですが、たばこを切らしていることに気付きました。ちょうど、業務で備品を買いに行こうとしている部下がいたので、ついでにコンビニエンスストアでたばこを買ってくるようお願いしました。このように上司の個人的な雑用をさせる行為は、パワハラに該当するのでしょうか。

専門家の眼

　上司の個人的な雑用をさせることは、業務上明らかに不要なことをさせる「過大な要求」として、雇用管理上の措置義務の対象となるパワハラに該当するといえます。パワハラ指針2(7)ニ(イ)③においても、「労働者に業務とは関係のない私的な雑用の処理を強制的に行わせること」が「過大な要求」に該当すると考えられる例として挙げられています。

★　「過大な要求」に該当するか

　業務上必要のない、上司の個人的な雑用をさせる、いわゆる「パシリ」のような行為をさせることは、パワハラの6類型のうち、「過大な要求（業務上明らかに不要なことや遂行不可能なことの強制・仕事の妨害）」に該当するかどうかが問題となる行為です。

　具体的には、パワハラの定義のうち、「業務上必要かつ相当な範囲を超えた」言動かどうかという問題となります。

　そもそもコンビニエンスストアにたばこを買いに行かせる行為は、明らかに業務上不要であり、また、「たばこ」という商品からしても、相当な範囲の業務命令とはいえません。したがって、パワハラに該当する行為です。

　業務上の必要性がある備品を買いにいく部下がおり、そのついでとして、たばこを買ってくるように命じるのもやはり、業務上の必要性がなく相当な行為とはいえません。自らの個人的な雑用は、業務時間外に上司自らが行うべきです。

　パワハラ指針2(7)ニ(イ)③においても、「労働者に業務とは関係のない私的な雑用の処理を強制的に行わせること」が「過大な要求」に該当すると考えられる例として挙げられています。

　ただ、たばこの購入のお願いが一度きりであり、命令口調でもなくおつかいすることについて部下も嫌がっていないようなケースでは、「パワハラ」とまでは断定できないものです。しかし、業務上の必要性のない私的な雑用を部下にお願いするということ自体、上司が勤務中に部下にさせるべきことではありません。上司のこのような言動については、会社の服務規律違反に問われるおそれがあります。

★　裁判例では

　サン・チャレンジほか事件（東京地判平26・11・4労判1109・34）は、長時間労働・パワハラにより、飲食店店員が自殺したことにより、上司に、損害賠償請求が認められた事案です。

　上司から、「馬鹿だな」「使えねえな」「馬鹿やろう」などと言われ、尻・頭及び頬を叩く、頭をしゃもじで殴られたり、勤務時間終了後の

深夜にニンニクの皮むきや油で揚げる作業をさせられたりもしました。また、「次から遅刻したら罰金として5000円又は1万円をもらうぞ」等とも言われました。客の服にガムが付いたためクリーニング代を払わせられたり、服にライターの火を近づけたり離したりといった嫌がらせ行為もありました。このような行為は、「身体的な攻撃」や「精神的な攻撃」に当たります。

　さらに、上司は、「シャンプー取ってきて」とか「だらだらするなよ。だから仕事もできないんだよ。おせえんだよ。俺みたいにてきぱき動けよ。あと絆創膏。」と言い、仕事以外の場面で日常的に、上司の個人的な雑用を命じていました。この言動は、業務上明らかに不要な行為であり、過大な要求に当たります。

Case
25

終業間際に、今日中といった急ぎではないながらも仕事が入ったので、部下に残業を命じて対応させた

　終業間際に、他部署から「今日中に仕上げる必要はないのだが」と言われつつも、仕事をお願いされました。明日対応しても十分余裕のある、急ぎでもない仕事なので、「特段居残ってこなす必要もない」とは思いましたが、個人的に少しでも進めておきたかったので、帰ろうとしている部下を呼び止めて残業をさせて対応させました。このような残業をお願いすることはパワハラに該当するのでしょうか。

専門家の眼

　業務上の必要性がないのに、終業間際に、当日中に仕上げる必要のない急ぎではない仕事を命じて、必要のない残業をさせることは、業務上明らかに不要なことをさせる「過大な要求」として、雇用管理上の措置義務の対象となるパワハラに該当するといえます。

★　「過大な要求」に該当するか

　業務上必要がないのに、就業間際に残業を命じることは、パワハラの6類型のうち、「過大な要求（業務上明らかに不要なことや遂行不可能なことの強制・仕事の妨害)」に該当するかどうかが問題となる行為です。

　それ以前の問題として、上司が部下に対して、「残業命令」をすることができるかも問題となります。

✦　残業命令の各種制限

　一般的に残業を命ずるためには、会社は、労働者の過半数を組織する労働組合又はこの要件を満たす労働組合がない場合は、労働者の過半数代表者との間で労使協定（いわゆる「36（サブロク）協定」）を締結し、それを労働基準監督署に届け出なければなりません。この手続がない場合、残業命令をすることができません（違法となります。）。

　さらに、36協定があったとして、残業時間の上限は、原則「月45時間」「年360時間」以内とされています（労働基準法36③④）。ただし、臨時的な特別の事情がある場合には、追加の特別条項を締結することにより、これを超えて「年720時間以内」「月100時間未満」「複数月平均80時間以内」等との制限の下、残業をさせることができます（労働基準法36⑤⑥）。

　そのほか、妊産婦の請求がある場合（労働基準法66）、育児介護中の労働者が請求した場合（育児休業、介護休業等育児又は家族介護を行う労働者の福祉に関する法律16の8・16の9・17・18）等も、残業させることはできません。

✦　法定の残業命令の制限がない場合であっても

　前記のような法定の残業命令の制限がない場合であっても、終業間際に、今日中に仕上げる必要のないような、急ぎではない仕事を命じて、不要な残業をさせる行為は、「業務上必要かつ相当な範囲を超え」、「労働者の就業環境が害される」行為であるかが問題となります。

　今や仕事を終わらせて、定時で帰宅しようと考えている部下に対し

て、当日中に仕上げる必要のない仕事を命じて残業させることは、単なる嫌がらせであり、業務上必要でもなく、また、相当な範囲も超えているものです。これは、部下のプライベートの時間を削らせ、「労働者の就業環境が害される」言動であるといえますので、パワハラであると考えられます。

> ## Case 26 部下の育成を理由に、現状任せている業務よりも少しレベルの高い業務を命じた
>
> 　仕事の能力が高く、今後を期待している部下がいます。より一層の育成を図るために、上司である私自らのフォローの下で、現在の業務よりも少し高度なレベルの業務を任せようと考えているのですが、部下の負担にならないか心配です。このような仕事を任せることは、パワハラに該当するのでしょうか。

専門家の眼

　上司が部下の育成のために、上司のフォローの下、現在の業務よりも少し高度なレベルの業務をさせることは、「過大な要求」には当たらず、雇用管理上の措置義務の対象となるパワハラには該当しません。パワハラ指針2(7)ニ(ロ)①においても、「労働者を育成するために現状よりも少し高いレベルの業務を任せること」は「過大な要求」に該当しないと考えられる例として挙げられています。

★　「過大な要求」に該当するか

　上司が、部下の育成を図るために、上司自らのフォローの下で、現在の業務よりも少し高度なレベルの業務を任せることは、パワハラの6類型のうち、「過大な要求（業務上明らかに不要なことや遂行不可能なことの強制・仕事の妨害）」に該当するかどうかが問題となる行為です。

　具体的には、パワハラの定義のうち、「業務上必要かつ相当な範囲を超えた」言動かどうかという問題となります。

　上司の業務は、部下の指導や育成にありますから、部下の育成のために高度なレベルの仕事をさせることは、業務上必要な行為といえます。

　ただ、何のフォローも指導もなく、部下にレベルの高い仕事を任せっぱなしにすることは、「相当」な行為とはいえません。しかし、きちんと、部下の仕事の進捗を把握し、相談があれば適宜アドバイスを与えるなど、フォローをすれば、それは、「過大な要求」には該当しません。

　パワハラ指針2(7)ニ(ロ)①においても、「労働者を育成するために現状よりも少し高いレベルの業務を任せること」は「過大な要求」に該当しないと考えられる例として挙げられています。

📌　裁判例では

　大和証券ほか1社事件（大阪地判平27・4・24労判1123・133）は、出向先の証券会社で営業に従事していた出向社員に対し、約1年間にわたり新規顧客開拓業務に従事させ、1日100件訪問するように指示したり、営業活動により取引を希望した顧客の口座開設を拒否したりしたこと等が嫌がらせと判断された裁判例です。

　確かに、新規顧客開拓業務により、商品に関する知識を身につけるとともに、顧客とのコミュニケーション能力を向上させるという部下の育成目的は認められるところかもしれません。

　しかし、判示では、「飛び込みでの営業活動によって契約の締結に至ることは1%もなく、多くは門前払いにされるというのであるから、飛び込み訪問による営業活動を続けることによって向上することのでき

る能力に限界があることは明らかである。……飛び込みによる営業活動のみを1年近くも行わせることに合理的な理由があるとは認められない。」とされています。さらに、判示では、「新規顧客開拓業務についても、既存顧客を有している営業部員は、飛び込みの営業ではなく既存顧客からの紹介により行う」こと、「営業業務に全く従事したことのない新卒社員についても当初から既存顧客を割り当てているか、新規顧客開拓業務のみに従事させたとしても2、3か月程度である」ことを理由とし、他の営業部員や新入社員との比較においても、当該出向社員に対する対応が不合理であったとの比較をしています。

　このように、他の社員との比較で不合理な業務をさせることは、「過大な要求」に該当するおそれがあるため注意が必要です。

| Case 27 | 繁忙期に業務量の多くなる仕事を、担当外の部下にも手伝うよう命じた |

　繁忙期になると、業務量が多くなる担当者がいます。当該担当者の業務量を調整するため、当該業務の担当ではない部下にも、一定程度多い業務量とはなりますが、担当外の仕事を手伝ってもらおうと考えています。しかし、このような調整を行うことは、担当外の仕事の負担を強いることになるように思えるのですが、パワハラに該当するのでしょうか。

専門家の眼

　繁忙期に、一定程度業務量が多い担当外の仕事を、上司のフォローの下、部下に手伝わせることは、「過大な要求」には当たらず、雇用管理上の措置義務の対象となるパワハラには該当しません。パワハラ指針2(7)ニ(ロ)②においても、「業務の繁忙期に、業務上の必要性から、当該業務の担当者に通常時よりも一定程度多い業務の処理を任せること」が「過大な要求」に該当しないと考えられる例として挙げられています。

★　「過大な要求」に該当するか

　担当外の部下に対して、繁忙期に入ることで担当業務範囲外の業務量が多くなった仕事を手伝わせることは、パワハラの6類型のうち、「過大な要求（業務上明らかに不要なことや遂行不可能なことの強制・仕事の妨害）」に該当するかどうかが問題となる行為です。

　具体的には、パワハラの定義のうち、「業務上必要かつ相当な範囲を超えた言動」かどうかという問題となります。

　業務上必要のない上司の個人的な雑用をさせる、いわゆる「パシリ」といった行為をさせることは、パワハラの6類型のうち、「過大な要求（業務上明らかに不要なことや遂行不可能なことの強制・仕事の妨害）」に該当します。

　しかし、担当外の業務であっても、繁忙期に入ることにより、業務量の多くなった仕事を手伝わせることは、業務遂行上必要な行為です。もちろん、担当外の業務ですので、うまくできなくても仕方ない面はあり、そこは必要な指導や助言、フォローは必要ですが、繁忙期に担当外の業務の手伝いをさせること自体は、「相当な範囲」の行為として「過大な要求」には該当しないと考えられます。

　パワハラ指針2(7)ニ(ロ)②においても、「業務の繁忙期に、業務上の必要性から、当該業務の担当者に通常時よりも一定程度多い業務の処理を任せること」が「過大な要求」に該当しないと考えられる例として挙げられています。この例は、「当該業務の担当者」にその担当業務の処理を任せることを念頭に置いていますが、担当外業務であっても、上司の必要な指導や助言、フォローがあれば、一定程度多い業務量の担当外業務をさせたとしても、パワハラには該当しないと考えられます。

★　業務量が多すぎる場合や無理な納期を命じた場合

　ただし、部下が手伝う範囲の業務量が余りにも多く、とても納期に間に合わないのに、間に合わせるように命じたり、当日中に仕上げる必要がないのに、「今日の5時までに仕上げるように」等と、短い期限で区切って急がせたりすることは、「過大な要求」に該当します。

> **Case 28**
>
> 夏になって会社の駐車場の草が生い茂ってきたので、事務職の従業員に対し、約1か月間、除草作業を命じた
>
> ――――
>
> 　当社の駐車場は屋外にあり、夏になると雑草が生い茂ります。雑草処理に経費をかけるわけにもいかず、特に繁忙期でもない事務職の従業員に対し、炎天下ではありますが、約1か月をかけて草むしりなどの除草作業をしてもらおうと考えています。このような除草作業のみを命ずることはパワハラに該当するのでしょうか。

専門家の眼

　事務職の従業員は、本来、オフィス内で事務作業を行う予定で採用されており、それとは異なる炎天下での除草作業を約1か月もさせることは、長期間にわたる肉体的苦痛を伴う過酷な環境下での勤務に直接関係のない作業であり、「過大な要求」として、雇用管理上の措置義務の対象となるパワハラに該当すると判断されます。

📌　「過大な要求」に該当するか

　「過大な要求」とは、「業務上明らかに不要なことや遂行不可能なことの強制・仕事の妨害」を指します。

　これに該当すると考えられる例として、パワハラ指針2(7)ニ(イ)①では、「長期間にわたる、肉体的苦痛を伴う過酷な環境下での勤務に直

接関係のない作業を命ずること」が挙げられています。

　会社の駐車場の除草作業は、業務遂行に必要な作業ではありますが、事務職の従業員は、本来事務作業を行う目的で採用されており、清掃や草むしりといった作業に長期間従事されることに業務上の目的があるとは見い出せません。しかも、炎天下で約1か月も除草作業のみに従事させることは、肉体的苦痛を伴う過酷な環境下での作業です。

　炎天下での除草作業のみを約1か月も命ずることは、「過大な要求」として、パワハラに該当するといえます。

✦　裁判例では

　バスの運転手が、駐車車両と過失なく接触事故を起こしたことについて、十分な調査もせずに、期限を付さずに約1か月間、炎天下での除草作業のみを命じた業務命令が違法と判断され、慰謝料請求が認められた事案があります（横浜地判平11・9・21判タ1085・208）。判示では、除草作業自体は業務の一つとして認められるとしても、「期限を付さず連続した出勤日に、多数ある下車業務の勤務形態の中から最も過酷な作業である炎天下における構内除草作業のみを選択し、（当該バスの運転手が）病気になっても仕方ないとの認識のもと、終日または午前或いは午後一杯従事させることは、……人権侵害の程度が非常に大きく、安全な運転ができないおそれがある運転士を一時的に乗車勤務から外しその運転士に乗車勤務復帰後に安全な運転を行わせるという下車勤務の目的から大きく逸脱しているのであって、むしろ恣意的な懲罰の色彩が強く、乗車勤務復帰後に安全な運転をさせるための手段としては不適当であり、運転管理者である所長の裁量によりなしうる範囲内ではあり得ない」とされています。

　この裁判例は、パワハラ防止法が施行される以前の裁判例ですが、

除草作業が当該労働者（バスの運転手）の勤務内容からして業務上必要なものか、労働者（バスの運転手）の就業環境を害するものかといった観点から判断されていることが分かります。

✒ 「過小な要求」に該当するのではないか

　除草作業のような単調な作業をさせることは、「過大な要求」ではなく、「過小な要求」（業務上の合理性なく、能力や経験とかけ離れた程度の低い仕事を命じることや仕事を与えないこと）に該当するのではないかとも考えられます。

　本事例のように、「炎天下での除草作業」を「約1か月間」という長期間にわたり、業務命令としてさせることは、肉体的・精神的に苦痛を与える行為ですので、「過大な要求」のカテゴリーに入ると考えられるでしょう。

　他方で、退職に追い込むために、管理職にあえて、単調な草むしりを命じることは、「過小な要求」のカテゴリーに入るとも考えられます。

　いずれにせよ、パワハラに該当することには変わりありません。

5　過小な要求

Case
29
役職を笠に着て仕事をしないことから、退職してもらいたい管理職に、名刺の整理や郵便物の仕分けといった簡易な業務を指示した

　役職を笠に着て仕事をしないことから、いっそのこと退職してもらいたい管理職の従業員に、自発的に退職してもらおうと、名刺の整理や郵便物の仕分けといった業務ばかりを行わせました。その後、当該従業員が「このような業務ばかりは続けられない」と言ってきたので、「今の仕事を続けるか、やめるか、どちらかにしたらどうだろうか」と退職勧奨をしたのですが、パワハラに該当するようなことになるのでしょうか。

専門家の眼

　管理職を退職させる目的で、本来の業務ではない名刺の整理や郵便物の仕分けといった単調な作業をさせることは、「過小な要求」として、雇用管理上の措置義務の対象となるパワハラに該当すると判断されます。また、同時に行われた退職勧奨も、従業員の退職の自由な意思形成を阻害するものであり、「精神的な攻撃」としてパワハラに該当し、違法な行為と判断されるおそれがあります。

★　「過小な要求」に該当するか

　本来の業務ではない単調な作業をさせることは、パワハラの6類型のうち、「過小な要求」に該当するかどうかが問題となる行為です。

　「過小な要求」とは、「業務上の合理性なく能力や経験とかけ離れた程度の低い仕事を命じることや仕事を与えないこと」をいいます。

　まず、「管理職を退職させる目的」というものは、管理職に対する業務本来の目的ではなく、「業務上の合理性」が見いだせません。

　また、管理職は、部下の業務を管理し、指導をする立場にありますので、能力や経験とかけ離れた名刺の整理や郵便物の仕分けといった単調な程度の低い仕事を命じることは、「過小な要求」として、パワハラに該当します。

　いくら役職を笠に着て仕事をしない管理職であっても、このような業務の急な変更をするのではなく、本来の業務をきちんとするような業務命令を出し、それでも改善されない場合には、服務規律違反や能力不足等で懲戒処分を検討するべきです。自主退職することを期待して、嫌がらせのように業務の急な変更を強いることはパワハラに該当します。

　パワハラ指針2(7)ホ(イ)①においても、「管理職である労働者を退職させるため、誰でも遂行可能な業務を行わせること」が、パワハラに該当すると考えられる例として挙げられています。

★　退職勧奨とパワハラ

　また、本事例では、退職勧奨も行われています。「退職した方がよい」という退職勧奨行為は、それ自体、違法なものではありません。しかし、社会的相当性を欠く場合には、不法行為に該当することがあります。

　日本アイ・ビー・エム事件（東京地判平23・12・28労経速2133・3）では、「退職勧奨行為は、「労働者の自発的な退職意思を形成する本来の目的実現のために社会通念上相当と認められる限度を超えて、当該労働者に対して不当な心理的圧力を加えたり、又は、その名誉感情を不当に害するような言辞を用いたりすることによって、その自由な退職意思の形成を妨げるに足りる不当な行為ないし言動」がなされた場合には、違法なものとして不法行為を構成する旨判示されています。

　本事例は、前提として、退職を迫ることを目的に、名刺の整理や郵便物の仕分け業務をさせるという過小な要求をした上で、「今の仕事を続けるか、やめるか、どちらかにしたらどうか」という退職勧奨をするものであり、社会通念上相当と認められる限度を超えた違法な退職勧奨であるといえます。パワハラの類型でいえば、「精神的な攻撃」に該当するものです。

　このほか、退職勧奨においてパワハラと評価されるような行為がなされた裁判例は多数あります。

　フジシール（配転・降格）事件（大阪地判平12・8・28労判793・13）では、退職勧奨に応じなかったことを契機として、技術開発部長を現場の作業員（初めて作られた単純作業の肉体労働のポスト）に配転したり、従前嘱託職員が行っていたゴミ回収業務に従事させたりしたことが権利の濫用として無効であると判断されました。これはパワハラであると主張された事案ではないのですが、「過小な要求」としてパワハラと判断される行為です。

　その他の裁判例としては、下関商業高校事件（最判昭55・7・10判タ434・172）がありますが、退職勧奨に応じない旨の意思を示したにもかかわらず、その後、対象教諭らに対し、3〜5か月の間に、12、13回も、長時間の退職勧奨を行ったことが違法であると判断されています。

　この裁判例は、発言の中身よりも、拒否した後に、執拗に何度も退職勧奨を行った点が重視されているものです。

　退職勧奨においては、その中での発言が「精神的な攻撃」に該当し、違法になるケースもありますし、その手段や回数が問題となるケースもありますので、両方の側面において注意を要します。

> ### Case 30　ミスを繰り返しても謝ることすらしない部下に嫌気が差し、仕事を振らないようにした
>
> 　部下がミスを繰り返しても反省する素振りも見せず、謝ることすらしません。上司である私の助言にも従ってくれず、部下の態度が気にいりません。このような気にいらない部下に、仕事を振らないことで、仕事の成果が出せないようにして、その結果、人事評価を低くしたいのですが、パワハラに該当してしまうでしょうか。

専門家の眼

　上司個人の好き嫌いによって、気にいらない部下に仕事を振らないことは、「過小な要求」（ひいては「人間関係からの切り離し」）として、雇用管理上の措置義務の対象となるパワハラに該当すると判断されます。また、嫌がらせ目的で人事評価を低くすることも、パワハラに該当すると判断されます。

★　「過小な要求」に該当するか

　仕事を振らない行為は、パワハラの6類型のうち、「過小な要求」に該当するかどうかが問題となる行為です。

　「過小な要求」とは、「業務上の合理性なく能力や経験とかけ離れた程度の低い仕事を命じることや仕事を与えないこと」をいいます。

　本事例では、ミスを繰り返す部下が反省も謝罪もせず、上司の助言

にも従わないという事情があります。しかし、だからといって、上司が自分の好き嫌いによって、自分の気にいらない部下の人事評価を低くするために、仕事を振らないことは、業務上の合理性がない単なる嫌がらせであり、「過小な要求」として、パワハラに該当するといえます。

　パワハラ指針2(7)ホ(イ)②においても、「気にいらない労働者に対して嫌がらせのために仕事を与えないこと」が、パワハラに該当すると考えられる例として挙げられています。

✈ 人間関係からの切り離し

　他方で、仕事を振られないことは、すなわち、「仕事をしなくてよい」のであり、負荷が軽減されているとも考えられます。しかし、やはり、仕事を与えられないことは、職場で孤立する結果にもなり、「人間関係からの切り離し」ともいえます。

　「過小な要求」と「人間関係からの切り離し」が複合的に合わさった事例として、以下のような裁判例があります。

・大学病院の教授選について前教授の意向に反して立候補した勤務医師（耳鼻咽喉科）について、具体的な改善指導を行わず、期限の定めのないまま、医師の生命ともいうべき臨床担当から約10年間外し、教育を担当させず、自主的研究活動のみを行わせ、関連病院への外部派遣からも外した事案（大阪高判平22・12・17労判1024・37）。

・本人にさしたる問題がないにもかかわらず、営業から倉庫へ配置転換し、さらに課長職から降格した事案（新和産業事件＝大阪高判平25・4・25労判1076・19）。

・過失がない接触事故を起こしたバスの運転手について、営業所長が十分な調査を尽くさずに、期限を付さないで約1か月間炎天下での

除草作業のみを命じた事案（横浜地判平11・9・21判タ1085・208）（なお、本事案については、過酷な炎天下という環境であることを重視すれば、「過大な要求」とも捉えられます。）。

・退職勧奨に応じなかったことを契機として、技術開発部長を現場の作業員（初めて作られた単純作業の肉体労働のポスト）に配転したり、従前嘱託職員が行っていたゴミ回収業務に従事させた事案（大阪地判平12・8・28労判793・13）。

📌　人事評価とパワハラ

また、「過小な要求」として仕事を与えられないことで、正当な人事評価がしてもらえないという不当な結果をもたらします。

人事評価は、会社の裁量が広く認められるものです。日本レストランシステム（人事考課）事件（大阪地判平21・10・8労判999・69）においても、「労働契約関係において、使用者が人事管理の一環として行う考課ないし評定については、基本的には使用者の裁量的判断で行われるべきものであり、原則として違法と評価されることはないと解される」という原則を示しています。しかし、例外的な場合として、「使用者が嫌がらせや見せしめなど不当な目的のもとに特定の労働者に対して著しく不合理な評価を行った場合など、社会通念上とうてい許容することができない評価が行われたと認められる場合には、人事権の甚だしい濫用があったものとして、労働契約上又は不法行為法上違法の評価をすることが相当である。」と判示されています。

本事例でも、仕事を振られなかったことにより成果が出ずに、結果、人事評価を低くすることは、嫌がらせの目的であると認定されています。このような経緯を経た不当な人事考課は、パワハラに該当するといえるでしょう。

Case
31
事務処理能力が低い部下がいるので、配置転換まではしないものの、業務内容を変更し、業務量を減らした

　仕事は丁寧にするのですが、事務作業が遅く、業務を滞留させてしまう部下がいます。配置転換までは検討していませんが、当該部下の能力に合わせて、業務内容を変更したり、業務量を減らしたりしようと考えているのですが、結果的に、これまで任せていた業務より程度の低い業務を任せることになってしまいます。パワハラに該当するのでしょうか。

専門家の眼

　部下それぞれの能力に応じて、業務を円滑に行うために、業務量を減らしたり、増やしたりして業務量を調整したり、業務内容を変更することは、業務上必要な行為であり、措置義務の対象となるパワハラには該当しません。

📌　「過小な要求」に該当するか

　部下の能力に応じて業務内容を変更したり、業務量を調整したりすることは、パワハラの6類型のうち、「過小な要求」に該当するでしょうか。

　「過小な要求」とは、「業務上の合理性なく能力や経験とかけ離れた程度の低い仕事を命じることや仕事を与えないこと」をいいます。

　従業員にはそれぞれ個性があり、仕事が丁寧でも事務作業が遅い者、逆に、仕事は早いが事務作業が雑な者もいるでしょう。それぞれの部下の特性を生かして部署全体の円滑な業務遂行を図ることを調整するのが上司の務めでもあります。

　したがって、部下の能力に応じて、業務量を調整したり、業務内容を変更することは、業務上必要な行為であり、従業員の就業環境を害するものでもないため、パワハラには該当しないといえます。

　パワハラ指針2(7)ホ(ロ)①においても、過小な要求に該当しないと考えられる例として、「労働者の能力に応じて、一定程度業務内容や業務量を軽減すること」が挙げられています。

★　業務量の調整や業務内容の変更が行き過ぎると

　しかし、事務作業が遅いからといって、業務量を軽減するレベルを行き過ぎ、業務を全く与えないというレベルまでいくと、「過小な要求」に該当します。

　他方で、事務作業が速いからといって、およそこなしきれないくらいの業務量を課したり、対応困難なほどの難易度の業務に変更したりすることは、「過大な要求」に該当します。

　部下の能力や適性を見極めて、業務内容を変更したり、適切な業務量に調整したりしていくことが上司の務めであると考えられます。

Case 32	病気で休みがちな部下の体調悪化を懸念して業務量を大きく減らし、半日程度何も業務がない状態にした

　病気で休みがちな部下がいます。度々体調悪化により休むことになるので、業務中における体調悪化を懸念して、資料のファイリングのみを命じ、その日の作業が終わったら、「もう仕事をしなくてよいからインターネットでも見ていてくれればよい」と伝え、1か月程度、このような身体への負担の少ない作業のみをさせました。部下は、ファイリング作業は午前中には終わらせており、その後は、ずっとパソコンでインターネットを見ているようでした。しかし、当該部下からは、「業務量を増やしてほしい。もっといろいろな業務をしたい。」という要望が出ています。業務中に体調が悪化すると困るので、作業内容を大きくセーブさせたわけなのですが、パワハラに当たるのでしょうか。

専門家の眼

　部下の体調悪化を防ぐために、業務量を減らしたり、業務を変更したりすることは、措置義務の対象となるパワハラに該当しません。しかし、実質的に1日の半分くらいは仕事を与えられていないなど、その業務量が極端に少なかったり、業務が簡単に過ぎる場合には、「過小な要求」として、パワハラに該当します。

📌　「過小な要求」に該当するか

　部下の体調悪化を懸念して、業務内容を変更したり、業務量を減らしたりすることは、パワハラの6類型のうち、「過小な要求」に該当するでしょうか。

　「過小な要求」とは、「業務上の合理性なく能力や経験とかけ離れた程度の低い仕事を命じることや仕事を与えないこと」をいいます。

　部下の体調に応じて、業務量を調整したり、業務内容を変更することは、業務上必要な行為であり、従業員の就業環境が害されるものでもないため、パワハラには該当しないといえます。

　パワハラ指針2（7）ホ（ロ）①においても、過小な要求に該当しないと考えられる例として、「労働者の能力に応じて、一定程度業務内容や業務量を軽減すること」が挙げられています。「労働者の体調」とは書かれていませんが、従業員の体調や家庭の状況に応じて、業務量を調整するのは上司の務めでもあります。

📌　業務量の調整や業務内容の変更が行き過ぎると

　しかし、いくら病気で休みがちな部下がいるからといって、行き過ぎた業務量の軽減は、「過小な要求」に該当します。

　本事例では、資料のファイリングのみを命じ、1日分の作業が終わったら、「もう仕事をしなくてよいからインターネットでも見ていてくれればよい」と伝え、1か月程度、部下に、ずっと資料のファイリングのみをさせていました。その作業は午前中には終わり、その後は、ずっとパソコンでインターネットを見て過ごすことになっていました。

　しかし、部下自身から、「業務量を増やしてほしい。もっといろいろな業務をしたい。」という要望が出ていましたが、業務中に体調が悪化すると困るので上司は部下の仕事をセーブさせていました。

　これでは結局、部下は、1日の半分くらいは仕事を与えられていないことになります。

　仕事をセーブさせることは、部下の体調悪化防止という業務上の必要性に基づくものですが、部下に労働の意欲も能力もあるのに、半日程度何もさせないというのは行き過ぎであり、「過小な要求」としてパワハラに該当すると考えられます。

　このような場合、上司としては、部下と面談し、体調等についてヒアリングをし、適宜、産業医・主治医等の意見も踏まえて、人事担当と相談しつつ、業務内容、業務量の見直しをしましょう。

★　裁判例では

　食品会社A社（障害者雇用枠採用社員）事件（札幌地判令元・6・19労判1209・64）では、従業員の業務量を増加させなかったことにつき、「一般に、使用者側は、雇用する労働者の配置及び業務の割当て等について、業務上の合理性に基づく裁量権を有すると解されるが、労働者に労務提供の意思及び能力があるにもかかわらず、使用者が業務を与えず、又は、その地位、能力及び経験に照らして、これらとかけ離れた程度の低い業務にしか従事させない状態を継続させることは、業務上の合理性があるのでなければ許されない」と判示しています。

　そして、このような状態を継続することは、「労働者に対し、自らが使用者から必要とされていないという無力感を与え、他の労働者との関係においても劣等感や恥辱感を生じさせる危険性が高いといえ、上記の状態に置かれた期間及び具体的な状況等次第で、労働者に心理的負荷を与えることは十分あり得る」とされました。

　パワハラ防止法の施行前の事案ですが、パワハラ6類型のうち「過小な要求」が労働者に心理的な負荷を与えることが示されている裁判例です。

Case
33
部下に、自身の問題行動を振り返ってもらうため、本来の業務を一旦ストップさせ、業務改善のための研修を行った

　顧客との電話の際、「このやろう」「ばかやろう」など、顧客に対して暴言を吐いた部下がいます。当該部下に、このような問題行動への反省を促し、業務を改善させるため、関連する就業規則の服務規律の規定や顧客対応マニュアルを部分的に閲読・筆写させ、過去の苦情案件に係るクレーム電話の録音を繰り返し聞かせるという研修を3日間行いました。当該部下からは、本来の顧客対応業務をさせなかったことが不当であるとの申出がありました。この研修を行ったことは、パワハラに該当しますか。

専門家の眼

　部下が問題行動を起こした場合に、反省や、今後の業務改善を促すために、関連する規定やマニュアルの閲読・筆写をさせ、問題があった電話の録音を聞かせるような短期間の研修を行うことは、業務上必要かつ相当な範囲の行為であり、「過小な要求」には当たらず、パワハラには該当しません。

📌　「過小な要求」に該当するか

　部下が問題行動を起こした場合に、反省や、今後の業務改善を促すために、関連する規定やマニュアルの閲読・筆写をさせ、問題があっ

た電話の録音を聞かせるような短期間の研修を行うことは、パワハラの6類型のうち、「過小な要求」に該当するでしょうか。

　「過小な要求」とは、「業務上の合理性なく能力や経験とかけ離れた程度の低い仕事を命じることや仕事を与えないこと」をいいます。本事例では、部下は、顧客との電話の際、「このやろう」「ばかやろう」など顧客に対して暴言を吐くという問題行動を行っています。このような行為が繰り返された場合には、会社にとっては顧客の信頼を失うという損害が発生するおそれがあります。

　つまり、部下に対し、適切な指導を行い、自己の行為を振り返り、反省・改善を促すことは業務上必要な行為であるといえます。

　ところで、本事例では、関連する就業規則の服務規律の規定や顧客対応マニュアルを部分的に閲読・筆写させ、過去の苦情案件に係るクレーム電話の録音を繰り返し聞かせるという研修を3日間行っており、この間、本来の顧客対応業務をさせていません。これをもって、当該部下は、不当であると申出を行っています。

　部下に本来の業務をさせながら、注意指導を行わなければならないようにも思われます。しかしながら、当該部下は、顧客に対し、「このやろう」「ばかやろう」などと言い、かなり不適切な行為を行っています。このまま再度、現場で顧客対応業務に就かせた場合には、同様の行為が繰り返されるおそれもあります。

　したがって、本来の顧客対応業務にかえて、3日間という短期間、上記研修を受けさせることは、業務上必要かつ相当な範囲の行為であり、「過小な要求」には当たらず、パワハラには該当しないといえます。

★　裁判例では

　バス運転士に対し、傷病休業明けであるという経緯を踏まえ、教育

指導の開始当初は業務復帰訓練として特段の作業をさせず、その後は、運転士服務心得の部分的な閲読・筆写、過去の苦情案件に係るドライブレコーダー映像の視聴をさせながら、過去の苦情案件を惹起した原因について紙に記載させることを複数回繰り返させたことについて、「過小な要求」に当たり、違法性があるかが問題となった事案があります（東武バス日光ほか事件＝東京高判令3・6・16労判1260・5）。当該事案では、このような行為は、教育指導の目的の範囲から逸脱するものではないと判断されました。

6　個の侵害

Case 34　仕事の能力が高く、目をかけている部下がいるので、業務用スマートフォンに表示する顔写真などを撮影させてもらい、また、就業時間外でも部下と連絡を取りたいのでスマートフォンにメッセージを送った

　仕事ができるので、目をかけている部下がいます。業務用スマートフォンに表示する部下の顔写真を撮影させてもらった際、ついでにバッグやスマートフォンなどの所持品も撮影したほか、会社以外での行動を把握するためにも連絡を取りたかったので、就業時間外の夜間や休日に、部下のスマートフォンにメッセージを送ったりしているのですが、このような行為はパワハラに該当するのでしょうか。

専門家の眼

　相手の性別を問わず、お気にいりの部下の顔写真や持ち物を、業務上の必要がないのにむやみに撮影したような場合や、就業時間外の行動を把握するために、メッセージを送ることは、措置義務の対象となるパワハラに該当します。

✦　個の侵害（私的なことに過度に立ち入ること）

　パワハラ指針は、個別事案におけるパワハラ該当性判断の一助とし

て、パワハラに該当する代表的な6類型を列挙しています。そのうち、「個の侵害（私的なことに過度に立ち入ること）」のうち、「該当すると考えられる例」として、「労働者を職場外でも継続的に監視したり、私物の写真撮影をしたりすること」が挙げられています（パワハラ指針2(7)ヘ(イ)①）。

✦ 部下の顔写真を撮影すること

（1）　業務上必要性がある場合

業務に必要な名札や名簿を作成するために、部下の顔写真を撮影することは、業務の範囲内の行為として当然許されます。

（2）　無断撮影の場合

しかし、個人的に目をかけているという理由で、無断で部下の顔写真を撮影することは、業務の範囲を超えます。静止画の写真撮影と同様に、動画を撮影することも同じことがいえます。

さらにそれを超えて、部下に無断で顔写真をSNS等にアップすることまでしてしまえば、肖像権やプライバシーの侵害にも該当します。

いずれにせよ、業務に必要もなく、部下の了解を得られていないのに顔写真を撮影することは、「個の侵害」としてパワハラに該当する行為となります。

（3）　部下の了承があっても

部下の了承を得た場合には、顔写真の撮影をすることは許されます。しかし、部下は上司に対し、上下関係を考慮して、面と向かって拒否反応を示すことが難しく、人間関係を悪化させないために、いやいやながらに撮影を受け入れているだけかもしれません。

パワハラ運用通達第1・1(3)ハ③においては、「相談者が行為者に対して迎合的な言動を行っていたとしても、その事実が必ずしもパワーハラスメントを受けたことを単純に否定する理由にはならないことに

留意すること」との記述があります。

　部下の了承があったとしても、その他の言動からしぶしぶ了承せざるを得なかったような事情が認められた場合には、顔写真の撮影が「個の侵害」としてパワハラ該当性が認められる余地があることに留意すべきです。

📌 部下の持ち物を撮影すること

　職場の安全衛生上、問題のあるもの（異臭のするものや危険物等）を持ち込んでいるおそれのある場合に、上司が部下の持ち物の確認を求めたり、その持ち物を撮影したりすることは、業務の範囲内として許される行為といえます。

　しかし、業務上の目的もなく、部下の私物を撮影することは、部下のプライバシーを侵害する行為であり、「個の侵害」に該当する行為といえます。

📌 就業時間外の行動把握のためのメッセージ送付

　就業時間外に、部下に対する業務命令として、パソコンやスマートフォンからメッセージで指揮命令をしたことのみはパワハラには該当しませんが、その業務命令への応対は時間外労働となるおそれがあります。したがって、緊急の場合を除いては、労務時間管理上もすべきではない行為です。

　では、部下に対して、業務とは無関係のことで、メッセージを送付することはどうでしょうか。

　上司・部下の関係であっても、プライベートの連絡先を交換し、業務に関係のないメッセージをやりとりすることはよくあることでしょう。しかし、就業時間外に、上司が部下に対し、「今、何してる？」「今、

どこにいる？」「起きた？」「ごはん食べた？」といった行動を把握するようなメッセージを送付することは、「個の侵害」として、パワハラに該当するといえます。

　また、行動を監視するような内容のメッセージではなくとも、深夜や早朝に嫌がらせのようにメッセージを送付したり、日中であっても、常識を超えるような大量のメッセージを送付したりすることも、プライベートへの過度な干渉として、「個の侵害」の類型のパワハラに該当するといえます。

★　恋愛感情がみられる場合

　顔写真や持ち物の撮影、就業時間外のメッセージの送付について、上司から部下への恋愛感情に基づく場合には、セクハラにも該当するといえます。いわゆる「交際型のセクハラ」といえると考えられます。

　セクハラ指針2(1)では、「職場におけるセクシュアルハラスメントには、同性に対するものも含まれるものである。」ことが明記されています。

　相手の性別にかかわらず、私的なことに過度に立ち入るような行為は、パワハラにもセクハラにも該当し得ることに注意を要します。

>
> **Case 35**　不妊治療を受けるために休暇を取るとの報告のあった部下に対し、部署内の業務の調整をしようと、部署のみんながいるところで次回の治療のための休暇取得時期を尋ねた
>
> 　継続的に不妊治療を受けているとの報告があった部下がいます。当該部下が休みがちであるため心配になり、部署内の業務を調整しようと、部署内のみんながいるところで、みんなに聞こえるように、次回の不妊治療のための休暇取得時期を尋ねたのですが、このようにみんなの聞こえるところで話をすることは、パワハラに該当するでしょうか。

専門家の眼

　不妊治療を受けているといった部下の機微な個人情報について、報告した部下の了解を得ずに、他の従業員に暴露することになるのは、雇用管理上の措置義務の対象となるパワハラに該当します。

★ プライベートな情報を暴露する言動

　部下の了解を得ることなく、部下のプライベートな情報を暴露する言動は、パワハラの6類型のうち、「個の侵害」（私的なことに過度に立ち入ること）に該当するかが問題となります。

　パワハラ指針2⑺ヘ⑴②では、「個の侵害」に該当すると考えられる例として、「労働者の性的指向・性自認や病歴、不妊治療等の機微な

個人情報について、当該労働者の了解を得ずに他の労働者に暴露すること」が挙げられています。従業員の了解を得ないで、不妊治療を受けていることを暴露することは、いわゆるアウティング行為であり、パワハラに該当します。

他方で、パワハラ指針2(7)へ(ロ)②によれば、「該当しないと考えられる例」として、「労働者の了解を得て、当該労働者の性的指向・性自認や病歴、不妊治療等の機微な個人情報について、必要な範囲で人事労務部門の担当者に伝達し、配慮を促すこと」が挙げられています。

本事例のように、上司が、不妊治療で休みがちな部下に対して、他の従業員にも聞こえるように、「次回の不妊治療のための休暇はいつ取得するのか」といったことを尋ねることは、当該部下にとって、プライバシー性の高い機微な情報を暴露されたことになりますので、「個の侵害」に当たり、パワハラに該当するものと考えられます。

休暇取得時期を尋ねるのであれば、1対1で面と向かって、他の従業員に聞こえないように尋ねる、若しくは、メール等のツールを使って尋ねるといった、他の手段を容易にとることができますので、やはり他の従業員にも聞こえる場で、何らの配慮もなしに尋ねることは、不適切であるといえます。

✈ 仕事と不妊治療の両立のための制度

不妊治療については、令和4年4月から、一定の要件を満たした治療については保険適用が開始されました。また、職場内で仕事と不妊治療を両立するための取組が進められています（「不妊治療に関する取組」（厚生労働省ウェブサイト）参照）。

一例としては、休暇制度や時間単位・半日有給休暇の利用、時差出勤、フレックスタイム制度、短時間勤務制度やテレワークの利用とい

った制度を利用して、不妊治療との調整を図ることができる制度を取り入れている会社もあると報告されています（「事業主・人事部門向け不妊治療を受けながら働き続けられる職場づくりのためのマニュアル」（厚生労働省パンフレット））。

　厚生労働省では、不妊治療と仕事との両立がしやすい環境整備に取り組む企業を認定する制度（いわゆる「くるみんプラス」）も設けています。

　厚生労働省のウェブサイトでは、不妊治療を受ける従業員本人、職場の上司、同僚向けの分かりやすいパンフレットである「不妊治療と仕事との両立サポートハンドブック」も掲載されています。その中には、「不妊治療連絡カード」というツールをダウンロードするページも紹介されています。これを利用することにより、職場内で不用意にプライベートな情報が暴露されるのを防ぐ一助となるでしょう。

　これらは、不妊治療を受けている、若しくは、今後予定している従業員が、企業側に理解と配慮を求めるためのツールとしての利用が期待できます。

　パワハラを防止するだけでなく、従業員のワークライフバランスも保てるよう職場環境を整えていくことが大切です。

コラム	配慮のない行為がパワハラになるのか

　本事例は、不妊治療をしているというプライバシー情報を積極的に暴露してしまった事案です。他方で、積極的な行為がない場合でも、不妊治療を行っている従業員に対する「配慮のない行為」がパワハラに該当するかを検討してみたいと思います。

　例えば、不妊治療を行っている部下が近くにいるところで、それを知っている上司が、自分の妻が妊娠したことや、その妊娠経過、子供が生

まれることについての会話をして盛り上がったりすることはパワハラに当たるでしょうか。

　不妊治療をしている部下に対して、上司が、「子供はまだか」「うちは妊娠した」「早く子供を産んだ方がいい」などと嫌がらせのように言うことは、パワハラに該当し得る行為です（セクハラともいえます。）。

　しかし、単に、配慮がなく、部下の近くで、自分の子供の話題を提供しているだけでは、故意の嫌がらせとまではいえず、パワハラに該当するとはいい難いものです。

　ただ、他意なく発言したことが、知らず知らずのうちに職場環境を悪化させていることもありますので、結婚や出産といったプライベートな事柄に関する会話には留意をする必要があります。

Case
36
「トランスジェンダーであるため更衣室やトイレの配慮をしてほしい」という部下の相談に対応するため、部下の了解を得ずに、人事部門の担当者にも伝えた

　トランスジェンダーであることを周囲に秘している部下から、「トランスジェンダーであるため、更衣室やトイレの配慮をしてほしい」と相談されたことから、社内で配慮すべき相談内容と思い、人事労務部門の担当者にも私が受けた相談内容などの情報を伝達しました。このように私が相談を受けた情報を、人事部門にも伝えることは、パワハラに該当するのでしょうか。

専門家の眼

　部下の性自認に関する個人情報について、部下の了解を得た上で、必要な範囲で人事労務部門の担当者に伝達し、配慮を促すことは、措置義務の対象となるパワハラには該当しません。しかし、トランスジェンダーであることを周囲に秘している部下の了解を得ず人事労務部門へ伝達することは、いわゆるアウティング行為であり、「個の侵害」として、パワハラに該当します。

✒ トランスジェンダーと職場

　トランスジェンダーとは、自身が認識している性別（性自認）と身体の性別が一致していない方を指す言葉です。

　性別は、出生時に医師により作成された出生証明書に基づき、出生届がなされ、戸籍にも「長男」や「長女」といったように世帯主との続柄が性別によって区別されて記載されます。

　「男性」であるか「女性」であるかは、その後の学校生活、社会生活に大きく影響を与えます。「女子校」「男子校」の区別があり、性別によって入学できない学校もあります。男女雇用機会均等法により、就職の際に、男女差別をすることはできませんが、就業後も、制服の種類や更衣室・トイレの別という点では、男女の区別は続きます。職場においてトランスジェンダーの従業員が、職場環境に配慮を求めた際の雇用主側の対応が問題となり、訴訟等に発展するケースも見られます。

✦　「個の侵害」に該当するか

　トランスジェンダーの方への対応に関しては、パワハラの6類型のうち、「個の侵害」に該当するかが問題となります。

　パワハラ指針2(7)ヘ(イ)②では、「該当すると考えられる例」として、「労働者の性的指向・性自認や病歴、不妊治療等の機微な個人情報について、当該労働者の了解を得ずに他の労働者に暴露すること」が挙げられています。従業員の了解を得ないで、性自認に関する事実を暴露することは、いわゆるアウティング行為であり、パワハラに該当します。

　他方で、パワハラ指針2(7)ヘ(ロ)②によると、「該当しないと考えられる例」として、「労働者の了解を得て、当該労働者の性的指向・性自認や病歴、不妊治療等の機微な個人情報について、必要な範囲で人事労務部門の担当者に伝達し、配慮を促すこと」が挙げられています。

　部下から「トランスジェンダーであるため、更衣室やトイレの配慮

をしてほしい」といった相談をされた際に、本人の了解をとって、人事部門の担当者に伝達することは、その伝達内容が「必要な範囲」である限りは、パワハラに該当しないと考えられます。

　また、更衣室やトイレの使用といった他の従業員にも影響する事柄ですので、部下の要望の詳細（多目的トイレや専用個室での使用でも希望に沿うことになるのか）や、性別変更の段階（性別適合手術を受けているのか、戸籍上の性別の変更も行ったのか）等を報告されていたのであれば、業務上必要な範囲で人事労務部門に伝達することは、パワハラには該当しないと考えられます（もちろん部下本人の了解は必須です。）。

📌　裁判例では

　トランスジェンダーの方への職場の配慮が問題となった有名な裁判例としては、国・人事院（経産省職員）事件があります。

　経済産業省に勤務する国家公務員であり、性別適合手術を受けていないトランスジェンダーの戸籍上男性の原告が、女性トイレを使用するためには、性同一性障害者である旨を女性職員に告知して理解を求める必要があるとの経済産業省当局による条件を撤廃し、原告に職場の女性トイレを自由に使用させることとの要求を認めないとした部分を取り消すとともに、慰謝料120万円を認めた事例です（第一審＝東京地判令元・12・12労判1223・52）。

　上記事件の控訴審では、経済産業省当局が、自認する性別に係るトイレの自由な使用を認めず、その処遇を継続することは違法なものとはいえないが、「なかなか手術を受けないんだったら、もう男に戻ってはどうか」という上司の発言については違法性が認められるとして慰謝料10万円を認める判決がなされました（控訴審＝東京高判令3・5・27労

判1254・5)。

　この事件以外にも、平成14年の裁判例として、女性の服装をしてきた従業員を、服務規律違反を理由に解雇したことが問題となったS社（性同一性障害者解雇）事件（東京地決平14・6・20労判830・13）や、最近の裁判例として、タクシー乗務員である性同一性障害を持つ男性が化粧をしていることに関する事案であるY交通事件（大阪地決令2・7・20労判1236・79）等、性的少数者に関する裁判例があります。

　事案に応じて、過去の裁判例も参照しつつ、会社の対応を検討しましょう。

Case 37	病気の配偶者がいる部下を別室に呼び出し、業務量の配慮が必要かどうか聞くため、配偶者の病状を尋ねた

　病気の配偶者がいると聞いていた部下が、仕事に看病にと疲れているように見えたため、業務量を減らすなどの配慮をしようと思い、部下を別室に呼び出し、業務量の配慮の必要性や、部下の配偶者の病状を尋ねました。部下の個人的な情報を聞くような行為なのですが、パワハラに該当するでしょうか。

専門家の眼

　部下への業務量の配慮を目的として、部下の配偶者の病状をヒアリングすることは、業務上の必要性のあることであり、措置義務の対象となるパワハラには該当しません。

✒ 個の侵害（私的なことに過度に立ち入ること）

　部下の個人情報を詮索する言動は、パワハラの6類型のうち、「個の侵害」（私的なことに過度に立ち入ること）に該当するおそれのある行為です。

　パワハラ指針2(7)ヘ（イ）②では、「個の侵害」に該当すると考えられる例として、「労働者の性的指向・性自認や病歴、不妊治療等の機微な個人情報について、当該労働者の了解を得ずに他の労働者に暴露すること」が挙げられています。業務上の必要もなく、部下の家族の病状に関する事柄を詮索し、暴露することは、個の侵害として、パワハラ

に該当します。

　具体的には、上司が、病気の配偶者を持つ部下に対して、不用意に「癌なのか、どこの癌か」「ステージはどの程度か」「余命はどのくらいなのか」ということを単に興味本位で、何らの配慮もなく、他の従業員にも聞こえるように、次々と尋ねることは、当該部下にとって、プライバシー性の高い機微な情報を詮索され、私的なことに過度に立ち入ることになりますので、「個の侵害」に当たり、パワハラに該当するものと考えられます。

✈ 業務上の必要性があり、相当な手段での問答を心掛けること

　他方で、パワハラ指針2(7)ヘ(ロ)①では、「該当しないと考えられる例」として、「労働者への配慮を目的として、労働者の家族の状況等についてヒアリングを行うこと」が挙げられています。

　上司が、家族の介護で休みがちになり、仕事が回らなくなっている部下に対して、仕事量の配慮をするために「家族の体調はどうか」「病院への付添いは必要なのか」「介護休暇は取得しなくてよいのか」ということを1対1で面と向かって、他の従業員に聞こえないように尋ねる、若しくは、メール等のツールを使うなど同様の配慮をして尋ねるといった手段で問答することが適切な応対といえます。

　また、介護休暇等の取得のために、人事部へ情報を伝達する際には、必ず、情報を伝達する範囲を当該部下に確認した上で、当該部下の了解をとって伝達するようにしましょう。

✈ 取扱いに気を付けるべき情報

　秘密にしておきたい機微な情報の範囲は、人それぞれ異なりますが、個の侵害の例にあるように、「性的指向・性自認」「病歴」「不妊治療」と同レベルの情報が機微な情報の範囲であると考えられます。もちろ

ん、これらの事実を、既に情報主である部下が公にカミングアウトしている場合には、上司も秘密として取り扱う必要はありません。逆に、カミングアウトをしていない場合には、これらの事実は、一般には他人に知られたくない機微な情報ですので、秘密の個人情報として厳重に取り扱うべきです。

　ところで、上司が直面することがよくあるのは、例えば、女性の部下が妊娠をしたが、妊娠初期であり、まだ安定しないため、妊娠したという事実を周囲に公表したくないが、業務上の配慮を求めるため、一部の上司にだけ妊娠の事実を報告するという場面が挙げられます。

　もちろん、部下の妊娠を他の部下たちに秘していても業務遂行に支障がない場合は、当該部下が自ら妊娠を公にするまで待つという対応でよいでしょう。

　他方で、当該部下が自ら妊娠を公にするまでの間であっても、業務の遂行上、同僚らに、妊娠の事実を告げた方がよい場合もあります。例えば、妊娠した部下を含めて、チームで業務を遂行しているプロジェクトがあり、そのプロジェクトにおいて外国等の遠方出張があったとしましょう。この場合、妊娠した部下の代わりに、外国出張の代替要員を探さなければならないこともあるでしょう。また、妊娠した部下が、遠からず産休育休を取得するために、チーム内での業務引継ぎや業務分担を見直す必要も出てくるでしょう。そのようなとき、チーム内で、妊娠した部下の体調面を気遣うために、妊娠の事実を共有した方が業務を円滑に進めることができます。

　しかし、部下から妊娠の事実を秘密にしておいてほしいと言われた上司が、独断で、チーム内で勝手に妊娠の事実を知らしめることは、「個の侵害」に該当します。このような場面に直面した場合、妊娠した部下から了解をとってから、チーム内への妊娠の事実を共有すべきです。

> ## Case 38
> 業務命令はないが、気になる後輩従業員の仕事を手伝ったり、アドバイスしたり、様子を見に行った
>
> ---
>
> 　恋愛感情はないようですが、気にいった後輩従業員（性別問わず）に対し、頼まれてもいないのに仕事を手伝ったり、尋ねられてもいないのにアドバイスをしたり、用もないのにデスクを訪ね、様子を見に行ったりする先輩従業員がいます。後輩従業員にも、「手伝ってもらわなくていいです」などと言われて、嫌がられている様子が窺えます。悪気なくやっているようですが、後輩従業員に対する当該従業員の過度な干渉ともいえる、いわゆるおせっかいな行為はパワハラに当たるのでしょうか。

専門家の眼

　頼まれてもいない仕事の手伝いやアドバイス、様子を見に行ったりするような過度な干渉をする行為は、業務上必要のない行為であり、「個の侵害」として、措置義務の対象となるパワハラに該当します。

✒ 「個の侵害」に該当するか

　パワハラ指針2(7)では、個別事案におけるパワハラ該当性判断の一助として、パワハラに該当する代表的な6類型を列挙しています。そのうち、「個の侵害（私的なことに過度に立ち入ること）」のうち、「該当すると考えられる例」として、「労働者を職場外でも継続的に監視し

たり、私物の写真撮影をしたりすること」が挙げられています（パワハラ指針2⑺ヘ⑴①）。

　「個の侵害」はプライベートに関することへの過度な立ち入りの行為類型であることから、業務に対する過干渉は、ストレートに「個の侵害」には該当しません。しかし、本事例の場合、後輩従業員が嫌がっていることから、「個の侵害」や「精神的な攻撃」に近い類型として、パワハラ該当性が問題となる行為です。

📌　過度な干渉やおせっかいな行為

　頼まれてもいないのに後輩従業員の仕事を手伝ったり、尋ねられてもいないのにアドバイスをしたり、用もないのにデスクを訪ねて、様子を見に行ったりすることは、後輩従業員の業務の手助けをしているという側面もありますが、先輩従業員の自らの業務の遂行に必要な行為ではありません。

　しかも、「手伝ってもらわなくていいです」などと言われて、後輩従業員に明らかに嫌がられている様子が窺えます。

　先輩従業員本人は、よかれと思って後輩従業員の仕事を手伝ったり、アドバイスをしているものとは思われますが、業務上必要のない行為です。ちょっとした気遣いで手伝っているだけであれば、パワハラには当たりません。しかし、他人の業務に対して執拗に、過度に干渉する行為は、パワハラに該当し得る行為です。

📌　恋愛感情がみられる場合

　仕事の手伝い、おせっかいな行為が恋愛感情に基づく場合には、セクハラにも該当するといえます。

　セクハラ指針2⑴では、「職場におけるセクシュアルハラスメント

には、同性に対するものも含まれるものである。」ことが明記されています。

　相手の性別にかかわらず、他人の業務に過度に干渉する行為は、パワハラにもセクハラにも該当し得ることに注意を要します。

★　先輩従業員に対する対処

　本事例の先輩従業員の行為は、パワハラやセクハラ（恋愛感情に基づく場合）に該当し得る行為ですが、そもそも、ハラスメント以前の問題として、業務時間中に、自らの業務をさておいて、業務命令も受けていないのに、他人の業務を手伝ったり、様子を見に行ったりすることは、自らの業務の勤務懈怠になります。

　会社としては、「ハラスメント行為をやめるように」という注意に先立ち、「勤務時間中は自らの業務を遂行するように」との注意指導を行うべきです。

　その注意指導にも従わない場合には、勤務懈怠・ハラスメントとして懲戒処分を検討すべきです。

> **Case 39** 休憩時間や帰宅時間などの業務時間外に、気にいった後輩従業員と過ごすため、後輩従業員の仕事が終わるのを待ち伏せた
>
> 　恋愛感情はないようですが、気にいった後輩従業員（性別問わず）と話がしたいため、昼休みや休憩時間に話しかけにいったり、また、後輩従業員と一緒に帰宅したいため、後輩従業員の仕事が終わるのを出口で待ったりする行為を繰り返す先輩従業員がいます。後輩従業員は、当該従業員のこのような行為を嫌がっており、「今日は○○とランチするのでご一緒できません」「今日は立ち寄るところがあるので一緒に帰れません」と言って避けているようです。業務時間外とはいえ、当該先輩従業員のこのような待ち伏せ行為は、パワハラに該当するのでしょうか。

専門家の眼

　恋愛感情の有無や相手の性別を問わず、休憩時間や帰宅時間に待ち伏せをする行為は、「個の侵害」として措置義務の対象となるパワハラに該当する行為です。

📌　「個の侵害」に該当するか

　パワハラ指針2(7)では、個別事案におけるパワハラ該当性判断の一助として、パワハラに該当する代表的な6類型を列挙しています。そのうち、「個の侵害（私的なことに過度に立ち入ること）」のうち、「該

当すると考えられる例」として、「労働者を職場外でも継続的に監視したり、私物の写真撮影をしたりすること」が挙げられています（パワハラ指針2(7)ヘ(イ)①）。

　休憩時間や帰宅時間に待ち伏せする行為は、後輩従業員のプライベートに対する過度な立ち入りであり、「個の侵害」に該当するかが問題となる行為です。

✒ 待ち伏せ行為

　休憩時間や帰宅時間は、業務を離れたプライベートな時間です。誰と過ごすかは本来自由に決められる時間です。そのような後輩従業員のプライベートな時間に、先輩従業員が後輩従業員を待ち伏せするような行為は「個の侵害」として、パワハラに該当し得る行為です。

　本事例の後輩従業員は、この先輩従業員の待ち伏せ行為を嫌がってはいるものの、「今日は○○とランチするのでご一緒できません」「今日は立ち寄るところがあるので一緒に帰れません」と言うのみで、面と向かって「待ち伏せされるのは嫌です」と、はっきりとは言っていません。

　しかし、このような婉曲的な言い方であっても、先輩従業員としては、何度も誘いを断られている場合には、嫌がっていることを察知すべきです。パワハラ運用通達第1・1(3)ハ③においても、「相談者が行為者に対して迎合的な言動を行っていたとしても、その事実が必ずしもパワーハラスメントを受けたことを単純に否定する理由にはならないことに留意すること」との記述があります。

　上下関係がある場合には、面と向かって拒絶の意思を表示できないことが一般的ですので、後輩従業員が何度も断っているのに、休憩時間や帰宅時間に執拗に待ち伏せする行為は、パワハラに該当するといえます。

★　恋愛感情がみられる場合

　待ち伏せ行為が恋愛感情に基づく場合には、セクハラにも該当するといえます。

　セクハラ指針2(1)では、「職場におけるセクシュアルハラスメントには、同性に対するものも含まれるものである。」ことが明記されています。

　相手の性別にかかわらず、待ち伏せする行為は、パワハラにもセクハラにも該当し得ることに注意を要します。

　また、恋愛感情に基づく待ち伏せ行為は、ストーカー行為等の規制等に関する法律2条1項1号にいうストーカー行為に該当し、罰則の対象にもなります。

　社内で、このような待ち伏せ行為が行われている場合には、加害者に対して、やめるように厳しく対処する必要があります。

付　録

○パワハラ指針

事業主が職場における優越的な関係を背景とした言動に起因する問題に関して雇用管理上講ずべき措置等についての指針（令和2年1月15日厚生労働省告示5号）

1　はじめに

　　この指針は、労働施策の総合的な推進並びに労働者の雇用の安定及び職業生活の充実等に関する法律（昭和41年法律第132号。以下「法」という。）第30条の2第1項及び第2項に規定する事業主が職場において行われる優越的な関係を背景とした言動であって、業務上必要かつ相当な範囲を超えたものにより、その雇用する労働者の就業環境が害されること（以下「職場におけるパワーハラスメント」という。）のないよう雇用管理上講ずべき措置等について、同条第3項の規定に基づき事業主が適切かつ有効な実施を図るために必要な事項について定めたものである。

2　職場におけるパワーハラスメントの内容

　(1)　職場におけるパワーハラスメントは、職場において行われる①優越的な関係を背景とした言動であって、②業務上必要かつ相当な範囲を超えたものにより、③労働者の就業環境が害されるものであり、①から③までの要素を全て満たすものをいう。

　　　なお、客観的にみて、業務上必要かつ相当な範囲で行われる適正な業務指示や指導については、職場におけるパワーハラスメントには該当しない。

　(2)　「職場」とは、事業主が雇用する労働者が業務を遂行する場所を指し、当該労働者が通常就業している場所以外の場所であっても、当該労働者が業務を遂行する場所については、「職場」に含まれる。

　(3)　「労働者」とは、いわゆる正規雇用労働者のみならず、パートタイム労働者、契約社員等いわゆる非正規雇用労働者を含む事業主が雇用する労働者の全てをいう。

　　　また、派遣労働者については、派遣元事業主のみならず、労働者派遣の役務の提供を受ける者についても、労働者派遣事業の適正な運営の確保及び派遣労働者の保護等に関する法律（昭和60年法律第88号）第47条の4の規定により、その指揮命令の下に労働させる派遣労働者を雇用する事業主とみなされ、法第30条の2第1項及び第30条の3第2項の規定が適用されることから、労働者派遣の役務の提供を受ける者は、派遣労働者についてもその雇用する労働者と同様に、3 (1)の配慮及び4の措置を講ずることが必要である。なお、法第

30条の2第2項、第30条の5第2項及び第30条の6第2項の労働者に対する不利益な取扱いの禁止については、派遣労働者も対象に含まれるものであり、派遣元事業主のみならず、労働者派遣の役務の提供を受ける者もまた、当該者に派遣労働者が職場におけるパワーハラスメントの相談を行ったこと等を理由として、当該派遣労働者に係る労働者派遣の役務の提供を拒む等、当該派遣労働者に対する不利益な取扱いを行ってはならない。

(4)　「優越的な関係を背景とした」言動とは、当該事業主の業務を遂行するに当たって、当該言動を受ける労働者が当該言動の行為者とされる者（以下「行為者」という。）に対して抵抗又は拒絶することができない蓋然性が高い関係を背景として行われるものを指し、例えば、以下のもの等が含まれる。

・　職務上の地位が上位の者による言動
・　同僚又は部下による言動で、当該言動を行う者が業務上必要な知識や豊富な経験を有しており、当該者の協力を得なければ業務の円滑な遂行を行うことが困難であるもの
・　同僚又は部下からの集団による行為で、これに抵抗又は拒絶することが困難であるもの

(5)　「業務上必要かつ相当な範囲を超えた」言動とは、社会通念に照らし、当該言動が明らかに当該事業主の業務上必要性がない、又はその態様が相当でないものを指し、例えば、以下のもの等が含まれる。

・　業務上明らかに必要性のない言動
・　業務の目的を大きく逸脱した言動
・　業務を遂行するための手段として不適当な言動
・　当該行為の回数、行為者の数等、その態様や手段が社会通念に照らして許容される範囲を超える言動

　この判断に当たっては、様々な要素（当該言動の目的、当該言動を受けた労働者の問題行動の有無や内容・程度を含む当該言動が行われた経緯や状況、業種・業態、業務の内容・性質、当該言動の態様・頻度・継続性、労働者の属性や心身の状況、行為者との関係性等）を総合的に考慮することが適当である。また、その際には、個別の事案における労働者の行動が問題となる場合は、その内容・程度とそれに対する指導の態様等の相対的な関係性が重要な要素となることについても留意が必要である。

(6)　「労働者の就業環境が害される」とは、当該言動により労働者が身体的又は精神的に苦痛を与えられ、労働者の就業環境が不快なものとなったため、能力の発揮に重大な悪影響が生じる等当該労働者が就業する上で看過できな

い程度の支障が生じることを指す。

　　この判断に当たっては、「平均的な労働者の感じ方」、すなわち、同様の状況で当該言動を受けた場合に、社会一般の労働者が、就業する上で看過できない程度の支障が生じたと感じるような言動であるかどうかを基準とすることが適当である。

(7)　職場におけるパワーハラスメントは、(1)の①から③までの要素を全て満たすものをいい（客観的にみて、業務上必要かつ相当な範囲で行われる適正な業務指示や指導については、職場におけるパワーハラスメントには該当しない。）、個別の事案についてその該当性を判断するに当たっては、(5)で総合的に考慮することとした事項のほか、当該言動により労働者が受ける身体的又は精神的な苦痛の程度等を総合的に考慮して判断することが必要である。

　　このため、個別の事案の判断に際しては、相談窓口の担当者等がこうした事項に十分留意し、相談を行った労働者（以下「相談者」という。）の心身の状況や当該言動が行われた際の受け止めなどその認識にも配慮しながら、相談者及び行為者の双方から丁寧に事実確認等を行うことも重要である。

　　これらのことを十分踏まえて、予防から再発防止に至る一連の措置を適切に講じることが必要である。

　　職場におけるパワーハラスメントの状況は多様であるが、代表的な言動の類型としては、以下のイからへまでのものがあり、当該言動の類型ごとに、典型的に職場におけるパワーハラスメントに該当し、又は該当しないと考えられる例としては、次のようなものがある。

　　ただし、個別の事案の状況等によって判断が異なる場合もあり得ること、また、次の例は限定列挙ではないことに十分留意し、4(2)ロにあるとおり広く相談に対応するなど、適切な対応を行うようにすることが必要である。

　　なお、職場におけるパワーハラスメントに該当すると考えられる以下の例については、行為者と当該言動を受ける労働者の関係性を個別に記載していないが、(4)にあるとおり、優越的な関係を背景として行われたものであることが前提である。

イ　身体的な攻撃（暴行・傷害）
　（イ）　該当すると考えられる例
　　①　殴打、足蹴りを行うこと。
　　②　相手に物を投げつけること。
　（ロ）　該当しないと考えられる例
　　①　誤ってぶつかること。

ロ　精神的な攻撃（脅迫・名誉棄損・侮辱・ひどい暴言）

　（イ）　該当すると考えられる例

　　①　人格を否定するような言動を行うこと。相手の性的指向・性自認に関する侮辱的な言動を行うことを含む。

　　②　業務の遂行に関する必要以上に長時間にわたる厳しい叱責を繰り返し行うこと。

　　③　他の労働者の面前における大声での威圧的な叱責を繰り返し行うこと。

　　④　相手の能力を否定し、罵倒するような内容の電子メール等を当該相手を含む複数の労働者宛てに送信すること。

　（ロ）　該当しないと考えられる例

　　①　遅刻など社会的ルールを欠いた言動が見られ、再三注意してもそれが改善されない労働者に対して一定程度強く注意をすること。

　　②　その企業の業務の内容や性質等に照らして重大な問題行動を行った労働者に対して、一定程度強く注意をすること。

ハ　人間関係からの切り離し（隔離・仲間外し・無視）

　（イ）　該当すると考えられる例

　　①　自身の意に沿わない労働者に対して、仕事を外し、長期間にわたり、別室に隔離したり、自宅研修させたりすること。

　　②　一人の労働者に対して同僚が集団で無視をし、職場で孤立させること。

　（ロ）　該当しないと考えられる例

　　①　新規に採用した労働者を育成するために短期間集中的に別室で研修等の教育を実施すること。

　　②　懲戒規定に基づき処分を受けた労働者に対し、通常の業務に復帰させるために、その前に、一時的に別室で必要な研修を受けさせること。

ニ　過大な要求（業務上明らかに不要なことや遂行不可能なことの強制・仕事の妨害）

　（イ）　該当すると考えられる例

　　①　長期間にわたる、肉体的苦痛を伴う過酷な環境下での勤務に直接関係のない作業を命ずること。

　　②　新卒採用者に対し、必要な教育を行わないまま到底対応できないレベルの業績目標を課し、達成できなかったことに対し厳しく叱責すること。

　　　　③　労働者に業務とは関係のない私的な雑用の処理を強制的に行わせること。
　　（ロ）　該当しないと考えられる例
　　　　①　労働者を育成するために現状よりも少し高いレベルの業務を任せること。
　　　　②　業務の繁忙期に、業務上の必要性から、当該業務の担当者に通常時よりも一定程度多い業務の処理を任せること。
　　ホ　過小な要求（業務上の合理性なく能力や経験とかけ離れた程度の低い仕事を命じることや仕事を与えないこと）
　　（イ）　該当すると考えられる例
　　　　①　管理職である労働者を退職させるため、誰でも遂行可能な業務を行わせること。
　　　　②　気にいらない労働者に対して嫌がらせのために仕事を与えないこと。
　　（ロ）　該当しないと考えられる例
　　　　①　労働者の能力に応じて、一定程度業務内容や業務量を軽減すること。
　　ヘ　個の侵害（私的なことに過度に立ち入ること）
　　（イ）　該当すると考えられる例
　　　　①　労働者を職場外でも継続的に監視したり、私物の写真撮影をしたりすること。
　　　　②　労働者の性的指向・性自認や病歴、不妊治療等の機微な個人情報について、当該労働者の了解を得ずに他の労働者に暴露すること。
　　（ロ）　該当しないと考えられる例
　　　　①　労働者への配慮を目的として、労働者の家族の状況等についてヒアリングを行うこと。
　　　　②　労働者の了解を得て、当該労働者の性的指向・性自認や病歴、不妊治療等の機微な個人情報について、必要な範囲で人事労務部門の担当者に伝達し、配慮を促すこと。
　　この点、プライバシー保護の観点から、ヘ（イ）②のように機微な個人情報を暴露することのないよう、労働者に周知・啓発する等の措置を講じることが必要である。
3　事業主等の責務
（1）　事業主の責務
　　法第30条の3第2項の規定により、事業主は、職場におけるパワーハラスメ

ントを行ってはならないことその他職場におけるパワーハラスメントに起因
する問題（以下「パワーハラスメント問題」という。）に対するその雇用する
労働者の関心と理解を深めるとともに、当該労働者が他の労働者（他の事業
主が雇用する労働者及び求職者を含む。(2)において同じ。）に対する言動に
必要な注意を払うよう、研修の実施その他の必要な配慮をするほか、国の講
ずる同条第1項の広報活動、啓発活動その他の措置に協力するように努めな
ければならない。なお、職場におけるパワーハラスメントに起因する問題と
しては、例えば、労働者の意欲の低下などによる職場環境の悪化や職場全体
の生産性の低下、労働者の健康状態の悪化、休職や退職などにつながり得る
こと、これらに伴う経営的な損失等が考えられる。

　　また、事業主（その者が法人である場合にあっては、その役員）は、自ら
も、パワーハラスメント問題に対する関心と理解を深め、労働者（他の事業
主が雇用する労働者及び求職者を含む。）に対する言動に必要な注意を払う
ように努めなければならない。
(2)　労働者の責務
　　　法第30条の3第4項の規定により、労働者は、パワーハラスメント問題に対
　　する関心と理解を深め、他の労働者に対する言動に必要な注意を払うととも
　　に、事業主の講ずる4の措置に協力するように努めなければならない。
4　事業主が職場における優越的な関係を背景とした言動に起因する問題に関し
雇用管理上講ずべき措置の内容
　　事業主は、当該事業主が雇用する労働者又は当該事業主（その者が法人であ
る場合にあっては、その役員）が行う職場におけるパワーハラスメントを防止
するため、雇用管理上次の措置を講じなければならない。
(1)　事業主の方針等の明確化及びその周知・啓発
　　　事業主は、職場におけるパワーハラスメントに関する方針の明確化、労働
　　者に対するその方針の周知・啓発として、次の措置を講じなければならない。
　　　なお、周知・啓発をするに当たっては、職場におけるパワーハラスメント
　　の防止の効果を高めるため、その発生の原因や背景について労働者の理解を
　　深めることが重要である。その際、職場におけるパワーハラスメントの発生
　　の原因や背景には、労働者同士のコミュニケーションの希薄化などの職場環
　　境の問題もあると考えられる。そのため、これらを幅広く解消していくこと
　　が職場におけるパワーハラスメントの防止の効果を高める上で重要であるこ
　　とに留意することが必要である。
　　イ　職場におけるパワーハラスメントの内容及び職場におけるパワーハラス

メントを行ってはならない旨の方針を明確化し、管理監督者を含む労働者に周知・啓発すること。

（事業主の方針等を明確化し、労働者に周知・啓発していると認められる例）

①　就業規則その他の職場における服務規律等を定めた文書において、職場におけるパワーハラスメントを行ってはならない旨の方針を規定し、当該規定と併せて、職場におけるパワーハラスメントの内容及びその発生の原因や背景を労働者に周知・啓発すること。

②　社内報、パンフレット、社内ホームページ等広報又は啓発のための資料等に職場におけるパワーハラスメントの内容及びその発生の原因や背景並びに職場におけるパワーハラスメントを行ってはならない旨の方針を記載し、配布等すること。

③　職場におけるパワーハラスメントの内容及びその発生の原因や背景並びに職場におけるパワーハラスメントを行ってはならない旨の方針を労働者に対して周知・啓発するための研修、講習等を実施すること。

ロ　職場におけるパワーハラスメントに係る言動を行った者については、厳正に対処する旨の方針及び対処の内容を就業規則その他の職場における服務規律等を定めた文書に規定し、管理監督者を含む労働者に周知・啓発すること。

（対処方針を定め、労働者に周知・啓発していると認められる例）

①　就業規則その他の職場における服務規律等を定めた文書において、職場におけるパワーハラスメントに係る言動を行った者に対する懲戒規定を定め、その内容を労働者に周知・啓発すること。

②　職場におけるパワーハラスメントに係る言動を行った者は、現行の就業規則その他の職場における服務規律等を定めた文書において定められている懲戒規定の適用の対象となる旨を明確化し、これを労働者に周知・啓発すること。

(2)　相談（苦情を含む。以下同じ。）に応じ、適切に対応するために必要な体制の整備

事業主は、労働者からの相談に対し、その内容や状況に応じ適切かつ柔軟に対応するために必要な体制の整備として、次の措置を講じなければならない。

イ　相談への対応のための窓口（以下「相談窓口」という。）をあらかじめ定め、労働者に周知すること。

（相談窓口をあらかじめ定めていると認められる例）

①　相談に対応する担当者をあらかじめ定めること。

②　相談に対応するための制度を設けること。

③　外部の機関に相談への対応を委託すること。

ロ　イの相談窓口の担当者が、相談に対し、その内容や状況に応じ適切に対応できるようにすること。また、相談窓口においては、被害を受けた労働者が萎縮するなどして相談を躊躇する例もあること等も踏まえ、相談者の心身の状況や当該言動が行われた際の受け止めなどその認識にも配慮しながら、職場におけるパワーハラスメントが現実に生じている場合だけでなく、その発生のおそれがある場合や、職場におけるパワーハラスメントに該当するか否か微妙な場合であっても、広く相談に対応し、適切な対応を行うようにすること。例えば、放置すれば就業環境を害するおそれがある場合や、労働者同士のコミュニケーションの希薄化などの職場環境の問題が原因や背景となってパワーハラスメントが生じるおそれがある場合等が考えられる。

（相談窓口の担当者が適切に対応することができるようにしていると認められる例）

①　相談窓口の担当者が相談を受けた場合、その内容や状況に応じて、相談窓口の担当者と人事部門とが連携を図ることができる仕組みとすること。

②　相談窓口の担当者が相談を受けた場合、あらかじめ作成した留意点などを記載したマニュアルに基づき対応すること。

③　相談窓口の担当者に対し、相談を受けた場合の対応についての研修を行うこと。

(3)　職場におけるパワーハラスメントに係る事後の迅速かつ適切な対応

事業主は、職場におけるパワーハラスメントに係る相談の申出があった場合において、その事案に係る事実関係の迅速かつ正確な確認及び適正な対処として、次の措置を講じなければならない。

イ　事案に係る事実関係を迅速かつ正確に確認すること。

（事案に係る事実関係を迅速かつ正確に確認していると認められる例）

①　相談窓口の担当者、人事部門又は専門の委員会等が、相談者及び行為者の双方から事実関係を確認すること。その際、相談者の心身の状況や当該言動が行われた際の受け止めなどその認識にも適切に配慮すること。

　　また、相談者と行為者との間で事実関係に関する主張に不一致があり、
　　事実の確認が十分にできないと認められる場合には、第三者からも事実
　　関係を聴取する等の措置を講ずること。
②　事実関係を迅速かつ正確に確認しようとしたが、確認が困難な場合な
　　どにおいて、法第30条の6に基づく調停の申請を行うことその他中立な
　　第三者機関に紛争処理を委ねること。
ロ　イにより、職場におけるパワーハラスメントが生じた事実が確認できた
　　場合においては、速やかに被害を受けた労働者（以下「被害者」という。）
　　に対する配慮のための措置を適正に行うこと。
　　（措置を適正に行っていると認められる例）
①　事案の内容や状況に応じ、被害者と行為者の間の関係改善に向けての
　　援助、被害者と行為者を引き離すための配置転換、行為者の謝罪、被害
　　者の労働条件上の不利益の回復、管理監督者又は事業場内産業保健スタ
　　ッフ等による被害者のメンタルヘルス不調への相談対応等の措置を講ず
　　ること。
②　法第30条の6に基づく調停その他中立な第三者機関の紛争解決案に従
　　った措置を被害者に対して講ずること。
ハ　イにより、職場におけるパワーハラスメントが生じた事実が確認できた
　　場合においては、行為者に対する措置を適正に行うこと。
　　（措置を適正に行っていると認められる例）
①　就業規則その他の職場における服務規律等を定めた文書における職場
　　におけるパワーハラスメントに関する規定等に基づき、行為者に対して
　　必要な懲戒その他の措置を講ずること。
　　あわせて、事案の内容や状況に応じ、被害者と行為者の間の関係改善
　　に向けての援助、被害者と行為者を引き離すための配置転換、行為者の
　　謝罪等の措置を講ずること。
②　法第30条の6に基づく調停その他中立な第三者機関の紛争解決案に従
　　った措置を行為者に対して講ずること。
ニ　改めて職場におけるパワーハラスメントに関する方針を周知・啓発する
　　等の再発防止に向けた措置を講ずること。
　　なお、職場におけるパワーハラスメントが生じた事実が確認できなかっ
　　た場合においても、同様の措置を講ずること。
　　（再発防止に向けた措置を講じていると認められる例）
①　職場におけるパワーハラスメントを行ってはならない旨の方針及び職

　　場におけるパワーハラスメントに係る言動を行った者について厳正に対
　　処する旨の方針を、社内報、パンフレット、社内ホームページ等広報又
　　は啓発のための資料等に改めて掲載し、配布等すること。
　② 労働者に対して職場におけるパワーハラスメントに関する意識を啓発
　　するための研修、講習等を改めて実施すること。
(4) (1)から(3)までの措置と併せて講ずべき措置
　　(1)から(3)までの措置を講ずるに際しては、併せて次の措置を講じなけれ
　ばならない。
イ　職場におけるパワーハラスメントに係る相談者・行為者等の情報は当該
　相談者・行為者等のプライバシーに属するものであることから、相談への
　対応又は当該パワーハラスメントに係る事後の対応に当たっては、相談
　者・行為者等のプライバシーを保護するために必要な措置を講ずるととも
　に、その旨を労働者に対して周知すること。なお、相談者・行為者等のプ
　ライバシーには、性的指向・性自認や病歴、不妊治療等の機微な個人情報
　も含まれるものであること。
　　（相談者・行為者等のプライバシーを保護するために必要な措置を講じて
　いると認められる例）
　① 相談者・行為者等のプライバシーの保護のために必要な事項をあらか
　　じめマニュアルに定め、相談窓口の担当者が相談を受けた際には、当該
　　マニュアルに基づき対応するものとすること。
　② 相談者・行為者等のプライバシーの保護のために、相談窓口の担当者
　　に必要な研修を行うこと。
　③ 相談窓口においては相談者・行為者等のプライバシーを保護するため
　　に必要な措置を講じていることを、社内報、パンフレット、社内ホーム
　　ページ等広報又は啓発のための資料等に掲載し、配布等すること。
ロ　法第30条の2第2項、第30条の5第2項及び第30条の6第2項の規定を踏まえ、
　労働者が職場におけるパワーハラスメントに関し相談をしたこと若しくは
　事実関係の確認等の事業主の雇用管理上講ずべき措置に協力したこと、都
　道府県労働局に対して相談、紛争解決の援助の求め若しくは調停の申請を
　行ったこと又は調停の出頭の求めに応じたこと（以下「パワーハラスメン
　トの相談等」という。）を理由として、解雇その他不利益な取扱いをされな
　い旨を定め、労働者に周知・啓発すること。
　　（不利益な取扱いをされない旨を定め、労働者にその周知・啓発すること
　について措置を講じていると認められる例）

①　就業規則その他の職場における服務規律等を定めた文書において、パワーハラスメントの相談等を理由として、労働者が解雇等の不利益な取扱いをされない旨を規定し、労働者に周知・啓発をすること。

②　社内報、パンフレット、社内ホームページ等広報又は啓発のための資料等に、パワーハラスメントの相談等を理由として、労働者が解雇等の不利益な取扱いをされない旨を記載し、労働者に配布等すること。

5　事業主が職場における優越的な関係を背景とした言動に起因する問題に関し行うことが望ましい取組の内容

事業主は、当該事業主が雇用する労働者又は当該事業主（その者が法人である場合にあっては、その役員）が行う職場におけるパワーハラスメントを防止するため、4の措置に加え、次の取組を行うことが望ましい。

(1)　職場におけるパワーハラスメントは、セクシュアルハラスメント（事業主が職場における性的な言動に起因する問題に関して雇用管理上講ずべき措置等についての指針（平成18年厚生労働省告示第615号）に規定する「職場におけるセクシュアルハラスメント」をいう。以下同じ。）、妊娠、出産等に関するハラスメント（事業主が職場における妊娠、出産等に関する言動に起因する問題に関して雇用管理上講ずべき措置等についての指針（平成28年厚生労働省告示第312号）に規定する「職場における妊娠、出産等に関するハラスメント」をいう。）、育児休業等に関するハラスメント（子の養育又は家族の介護を行い、又は行うこととなる労働者の職業生活と家庭生活との両立が図られるようにするために事業主が講ずべき措置等に関する指針（平成21年厚生労働省告示第509号）に規定する「職場における育児休業等に関するハラスメント」をいう。）その他のハラスメントと複合的に生じることも想定されることから、事業主は、例えば、セクシュアルハラスメント等の相談窓口と一体的に、職場におけるパワーハラスメントの相談窓口を設置し、一元的に相談に応じることのできる体制を整備することが望ましい。

（一元的に相談に応じることのできる体制の例）

①　相談窓口で受け付けることのできる相談として、職場におけるパワーハラスメントのみならず、セクシュアルハラスメント等も明示すること。

②　職場におけるパワーハラスメントの相談窓口がセクシュアルハラスメント等の相談窓口を兼ねること。

(2)　事業主は、職場におけるパワーハラスメントの原因や背景となる要因を解消するため、次の取組を行うことが望ましい。

なお、取組を行うに当たっては、労働者個人のコミュニケーション能力の

　向上を図ることは、職場におけるパワーハラスメントの行為者・被害者の双
　方になることを防止する上で重要であることや、業務上必要かつ相当な範囲
　で行われる適正な業務指示や指導については、職場におけるパワーハラスメ
　ントには該当せず、労働者が、こうした適正な業務指示や指導を踏まえて真
　摯に業務を遂行する意識を持つことも重要であることに留意することが必要
　である。

　イ　コミュニケーションの活性化や円滑化のために研修等の必要な取組を行
　　うこと。

　　（コミュニケーションの活性化や円滑化のために必要な取組例）

　　①　日常的なコミュニケーションを取るよう努めることや定期的に面談や
　　　ミーティングを行うことにより、風通しの良い職場環境や互いに助け合
　　　える労働者同士の信頼関係を築き、コミュニケーションの活性化を図る
　　　こと。

　　②　感情をコントロールする手法についての研修、コミュニケーションス
　　　キルアップについての研修、マネジメントや指導についての研修等の実
　　　施や資料の配布等により、労働者が感情をコントロールする能力やコミ
　　　ュニケーションを円滑に進める能力等の向上を図ること。

　ロ　適正な業務目標の設定等の職場環境の改善のための取組を行うこと。

　　（職場環境の改善のための取組例）

　　①　適正な業務目標の設定や適正な業務体制の整備、業務の効率化による
　　　過剰な長時間労働の是正等を通じて、労働者に過度に肉体的・精神的負
　　　荷を強いる職場環境や組織風土を改善すること。

(3)　事業主は、4の措置を講じる際に、必要に応じて、労働者や労働組合等の
　参画を得つつ、アンケート調査や意見交換等を実施するなどにより、その運
　用状況の的確な把握や必要な見直しの検討等に努めることが重要である。な
　お、労働者や労働組合等の参画を得る方法として、例えば、労働安全衛生法
　（昭和47年法律第57号）第18条第1項に規定する衛生委員会の活用なども考
　えられる。

6　事業主が自らの雇用する労働者以外の者に対する言動に関し行うことが望ま
　しい取組の内容

　　3の事業主及び労働者の責務の趣旨に鑑みれば、事業主は、当該事業主が雇
　用する労働者が、他の労働者（他の事業主が雇用する労働者及び求職者を含む。）
　のみならず、個人事業主、インターンシップを行っている者等の労働者以外の
　者に対する言動についても必要な注意を払うよう配慮するとともに、事業主（そ

の者が法人である場合にあっては、その役員）自らと労働者も、労働者以外の者に対する言動について必要な注意を払うよう努めることが望ましい。

　こうした責務の趣旨も踏まえ、事業主は、4（1）イの職場におけるパワーハラスメントを行ってはならない旨の方針の明確化等を行う際に、当該事業主が雇用する労働者以外の者（他の事業主が雇用する労働者、就職活動中の学生等の求職者及び労働者以外の者）に対する言動についても、同様の方針を併せて示すことが望ましい。

　また、これらの者から職場におけるパワーハラスメントに類すると考えられる相談があった場合には、その内容を踏まえて、4の措置も参考にしつつ、必要に応じて適切な対応を行うように努めることが望ましい。

7　事業主が他の事業主の雇用する労働者等からのパワーハラスメントや顧客等からの著しい迷惑行為に関し行うことが望ましい取組の内容

　事業主は、取引先等の他の事業主が雇用する労働者又は他の事業主（その者が法人である場合にあっては、その役員）からのパワーハラスメントや顧客等からの著しい迷惑行為（暴行、脅迫、ひどい暴言、著しく不当な要求等）により、その雇用する労働者が就業環境を害されることのないよう、雇用管理上の配慮として、例えば、（1）及び（2）の取組を行うことが望ましい。また、（3）のような取組を行うことも、その雇用する労働者が被害を受けることを防止する上で有効と考えられる。

（1）　相談に応じ、適切に対応するために必要な体制の整備

　事業主は、他の事業主が雇用する労働者等からのパワーハラスメントや顧客等からの著しい迷惑行為に関する労働者からの相談に対し、その内容や状況に応じ適切かつ柔軟に対応するために必要な体制の整備として、4（2）イ及びロの例も参考にしつつ、次の取組を行うことが望ましい。

　また、併せて、労働者が当該相談をしたことを理由として、解雇その他不利益な取扱いを行ってはならない旨を定め、労働者に周知・啓発することが望ましい。

　イ　相談先（上司、職場内の担当者等）をあらかじめ定め、これを労働者に周知すること。

　ロ　イの相談を受けた者が、相談に対し、その内容や状況に応じ適切に対応できるようにすること。

（2）　被害者への配慮のための取組

　事業主は、相談者から事実関係を確認し、他の事業主が雇用する労働者等からのパワーハラスメントや顧客等からの著しい迷惑行為が認められた場合

には、速やかに被害者に対する配慮のための取組を行うことが望ましい。

　（被害者への配慮のための取組例）

　　事案の内容や状況に応じ、被害者のメンタルヘルス不調への相談対応、著しい迷惑行為を行った者に対する対応が必要な場合に一人で対応させない等の取組を行うこと。

(3)　他の事業主が雇用する労働者等からのパワーハラスメントや顧客等からの著しい迷惑行為による被害を防止するための取組

　　(1)及び(2)の取組のほか、他の事業主が雇用する労働者等からのパワーハラスメントや顧客等からの著しい迷惑行為からその雇用する労働者が被害を受けることを防止する上では、事業主が、こうした行為への対応に関するマニュアルの作成や研修の実施等の取組を行うことも有効と考えられる。

　　また、業種・業態等によりその被害の実態や必要な対応も異なると考えられることから、業種・業態等における被害の実態や業務の特性等を踏まえて、それぞれの状況に応じた必要な取組を進めることも、被害の防止に当たっては効果的と考えられる。

○パワハラに該当する？ 〔問　題〕と〔解　答〕

　次頁には、本書に掲げた各Caseを一問一答形式で掲載しています。パワハラに関する研修の際に参考にしていただくなど、パワハラに関する誤認をなくすべく、ご活用ください。

　なお、パワハラに該当する行為は、行為自体の他、別途「優越的な関係を背景として」なされたものであるかを個別に判断する必要があります。また、個別の事案の状況等によって判断が異なる場合もあり得ることや、パワハラ指針の6類型に該当しない事案であっても、パワハラ該当性が認められる事案があります。

　それぞれ本文のCaseの解説も参考としてください。

〔問　題〕パワハラに該当する？

Case	該当・非該当
1　身体的な攻撃	
Case 1　火気厳禁の工場内でたばこを吸い、火災を引き起こしそうな部下のたばこを取り上げ、危険の大きさを分かってもらうため、平手で頬を叩いた	
Case 2　部下から提出された報告書の出来が悪かったことから、部下に当たらないように注意しつつ、報告書を部下に投げつけて返した	
Case 3　就業中に居眠りをしている部下を気付かせるため、部下の椅子を足で蹴って起こした	
Case 4　部下同士の取っ組み合いのケンカを止めようと、部下らの腕をつかむなどし、身を挺して仲裁に入った	
Case 5　遅刻・欠勤を繰り返す部下に反省を促すため、ミーティングに立たせて出席させた	
Case 6　部下に注意指導をしている際、勝手に途中退席しようとして向かってくる部下の腕を必要最小限の力でつかんで引き留めた	
2　精神的な攻撃	
Case 7　ノルマを達成できない部下の奮起や周知を目的に、「このままでは辞めてもらうしかない」などと書いたメールを、営業チームである当該部下を含む複数の部下に送った	
Case 8　指示に従わずミスを繰り返す部下の指導中、もちろん殺すつもりもない雰囲気で「次に同じミスをしたら殺すぞ」と言った	

Case 9　女性の服装で勤務している上、女性用の会社施設等の使用を求めるトランスジェンダーの男性部下に、服務規程違反の懸念から「もう男に戻ってはどうか」と提案した	
Case10　部下を奮起させるため、懇親会の参加者全員の前で「何をさせてもダメだな」などと冗談交じりに言った	
Case11　遅刻・欠勤が続く部下へ、再三の注意をしても改善が見られなかったので、口頭で強く注意した	
Case12　ノルマを達成できなかった部下の奮起を目的として、部署全員にコーヒーをおごらせる罰ゲームを設けた	
Case13　不正を行った部下に対し、会議の席を設けた上で、厳しく叱責した	
Case14　同僚間でしている罰ゲームとして、ミスが続いた同僚の顔写真付ポスターを作成し、職場に掲げた	
Case15　部下から暴言で罵られたので、同じく暴言で言い返した	
3　人間関係からの切り離し	
Case16　中途採用した従業員の育成のため、短期間集中的に別室で新人研修等をした	
Case17　能力に問題があり、顧客からのクレームが絶えない部下を仕事から外し、自宅研修をさせた	
Case18　懲戒処分を受けた従業員が通常業務に復帰する前に、別室で研修を受けさせた	
Case19　協調性のない同僚とのトラブルを避けるため、他の同僚らがしているように自分も無視をした	

Case20　内部告発をした従業員を、他の従業員との接触に伴う悪影響を懸念して、離れた個室に席を配置した	
Case21　自分勝手に仕事を進める従業員がトラブルを起こさないよう、トラブルに繋がりそうなミーティングの資料や情報を与えなかった	
4　過大な要求	
Case22　新規採用者に対し、実地研修として、到達の難しいレベルの目標を課したところ、達成できなかったため、今後の期待を込めて厳しく叱責した	
Case23　ミスをした部下に業務の改善を促すために、業務上は提出の必要はないが、上司が文章内容を指示して作成させた「反省文」を提出させた	
Case24　休憩時間にたばこを吸いたいので、業務に使う備品を買いに行く部下に命じ、ついでにたばこを買ってきてもらった	
Case25　終業間際に、今日中といった急ぎではないながらも仕事が入ったので、部下に残業を命じて対応させた	
Case26　部下の育成を理由に、現状任せている業務よりも少しレベルの高い業務を命じた	
Case27　繁忙期に業務量の多くなる仕事を、担当外の部下にも手伝うよう命じた	
Case28　夏になって会社の駐車場の草が生い茂ってきたので、事務職の従業員に対し、約1か月間、除草作業を命じた	
5　過小な要求	
Case29　役職を笠に着て仕事をしないことから、退職してもらいたい管理職に、名刺の整理や郵便物の仕分けといった簡易な業務を指示した	

Case30　ミスを繰り返しても謝ることすらしない部下に嫌気が差し、仕事を振らないようにした	
Case31　事務処理能力が低い部下がいるので、配置転換まではしないものの、業務内容を変更し、業務量を減らした	
Case32　病気で休みがちな部下の体調悪化を懸念して業務量を大きく減らし、半日程度何も業務がない状態にした	
Case33　部下に、自身の問題行動を振り返ってもらうため、本来の業務を一旦ストップさせ、業務改善のための研修を行った	
6　個の侵害	
Case34　仕事の能力が高く、目をかけている部下がいるので、業務用スマートフォンに表示する顔写真などを撮影させてもらい、また、就業時間外でも部下と連絡を取りたいのでスマートフォンにメッセージを送った	
Case35　不妊治療を受けるために休暇を取るとの報告のあった部下に対し、部署内の業務の調整をしようと、部署のみんながいるところで次回の治療のための休暇取得時期を尋ねた	
Case36　「トランスジェンダーであるため更衣室やトイレの配慮をしてほしい」という部下の相談に対応するため、部下の了解を得ずに、人事部門の担当者にも伝えた	
Case37　病気の配偶者がいる部下を別室に呼び出し、業務量の配慮が必要かどうか聞くため、配偶者の病状を尋ねた	

Case38　業務命令はないが、気になる後輩従業員の仕事を手伝ったり、アドバイスしたり、様子を見に行った	
Case39　休憩時間や帰宅時間などの業務時間外に、気にいった後輩従業員と過ごすため、後輩従業員の仕事が終わるのを待ち伏せた	

正解は次の頁☞

〔解　答〕パワハラに該当する？

Case	正解
1　身体的な攻撃	
Case 1　火気厳禁の工場内でたばこを吸い、火災を引き起こしそうな部下のたばこを取り上げ、危険の大きさを分かってもらうため、平手で頬を叩いた	該当
Case 2　部下から提出された報告書の出来が悪かったことから、部下に当たらないように注意しつつ、報告書を部下に投げつけて返した	該当
Case 3　就業中に居眠りをしている部下を気付かせるため、部下の椅子を足で蹴って起こした	該当
Case 4　部下同士の取っ組み合いのケンカを止めようと、部下らの腕をつかむなどし、身を挺して仲裁に入った	非該当
Case 5　遅刻・欠勤を繰り返す部下に反省を促すため、ミーティングに立たせて出席させた	該当
Case 6　部下に注意指導をしている際、勝手に途中退席しようとして向かってくる部下の腕を必要最小限の力でつかんで引き留めた	非該当
2　精神的な攻撃	
Case 7　ノルマを達成できない部下の奮起や周知を目的に、「このままでは辞めてもらうしかない」などと書いたメールを、営業チームである当該部下を含む複数の部下に送った	該当
Case 8　指示に従わずミスを繰り返す部下の指導中、もちろん殺すつもりもない雰囲気で「次に同じミスをしたら殺すぞ」と言った	該当

Case 9　女性の服装で勤務している上、女性用の会社施設等の使用を求めるトランスジェンダーの男性部下に、服務規程違反の懸念から「もう男に戻ってはどうか」と提案した	該当
Case10　部下を奮起させるため、懇親会の参加者全員の前で「何をさせてもダメだな」などと冗談交じりに言った	該当
Case11　遅刻・欠勤が続く部下へ、再三の注意をしても改善が見られなかったので、口頭で強く注意した	非該当
Case12　ノルマを達成できなかった部下の奮起を目的として、部署全員にコーヒーをおごらせる罰ゲームを設けた	該当
Case13　不正を行った部下に対し、会議の席を設けた上で、厳しく叱責した	非該当
Case14　同僚間でしている罰ゲームとして、ミスが続いた同僚の顔写真付ポスターを作成し、職場に掲げた	該当
Case15　部下から暴言で罵られたので、同じく暴言で言い返した	該当
3　人間関係からの切り離し	
Case16　中途採用した従業員の育成のため、短期間集中的に別室で新人研修等をした	非該当
Case17　能力に問題があり、顧客からのクレームが絶えない部下を仕事から外し、自宅研修をさせた	該当
Case18　懲戒処分を受けた従業員が通常業務に復帰する前に、別室で研修を受けさせた	非該当
Case19　協調性のない同僚とのトラブルを避けるため、他の同僚らがしているように自分も無視をした	該当

Case20　内部告発をした従業員を、他の従業員との接触に伴う悪影響を懸念して、離れた個室に席を配置した	該当
Case21　自分勝手に仕事を進める従業員がトラブルを起こさないよう、トラブルに繋がりそうなミーティングの資料や情報を与えなかった	該当
4　過大な要求	
Case22　新規採用者に対し、実地研修として、到達の難しいレベルの目標を課したところ、達成できなかったため、今後の期待を込めて厳しく叱責した	該当
Case23　ミスをした部下に業務の改善を促すために、業務上は提出の必要はないが、上司が文章内容を指示して作成させた「反省文」を提出させた	該当
Case24　休憩時間にたばこを吸いたいので、業務に使う備品を買いに行く部下に命じ、ついでにたばこを買ってきてもらった	該当
Case25　終業間際に、今日中といった急ぎではないながらも仕事が入ったので、部下に残業を命じて対応させた	該当
Case26　部下の育成を理由に、現状任せている業務よりも少しレベルの高い業務を命じた	非該当
Case27　繁忙期に業務量の多くなる仕事を、担当外の部下にも手伝うよう命じた	非該当
Case28　夏になって会社の駐車場の草が生い茂ってきたので、事務職の従業員に対し、約1か月間、除草作業を命じた	該当
5　過小な要求	
Case29　役職を笠に着て仕事をしないことから、退職してもらいたい管理職に、名刺の整理や郵便物の仕分けといった簡易な業務を指示した	該当

Case30　ミスを繰り返しても謝ることすらしない部下に嫌気が差し、仕事を振らないようにした	該当
Case31　事務処理能力が低い部下がいるので、配置転換まではしないものの、業務内容を変更し、業務量を減らした	非該当
Case32　病気で休みがちな部下の体調悪化を懸念して業務量を大きく減らし、半日程度何も業務がない状態にした	該当
Case33　部下に、自身の問題行動を振り返ってもらうため、本来の業務を一旦ストップさせ、業務改善のための研修を行った	非該当
6　個の侵害	
Case34　仕事の能力が高く、目をかけている部下がいるので、業務用スマートフォンに表示する顔写真などを撮影させてもらい、また、就業時間外でも部下と連絡を取りたいのでスマートフォンにメッセージを送った	該当
Case35　不妊治療を受けるために休暇を取るとの報告のあった部下に対し、部署内の業務の調整をしようと、部署のみんながいるところで次回の治療のための休暇取得時期を尋ねた	該当
Case36　「トランスジェンダーであるため更衣室やトイレの配慮をしてほしい」という部下の相談に対応するため、部下の了解を得ずに、人事部門の担当者にも伝えた	該当
Case37　病気の配偶者がいる部下を別室に呼び出し、業務量の配慮が必要かどうか聞くため、配偶者の病状を尋ねた	非該当

Case38　業務命令はないが、気になる後輩従業員の仕事を手伝ったり、アドバイスしたり、様子を見に行った	該当
Case39　休憩時間や帰宅時間などの業務時間外に、気にいった後輩従業員と過ごすため、後輩従業員の仕事が終わるのを待ち伏せた	該当

パワハラのグレーゾーン
－裁判例・指針にみる境界事例－

令和5年5月15日　初版一刷発行
令和5年12月26日　　　三刷発行

著　者　山　浦　美　紀

発行者　新日本法規出版株式会社
代表者　星　　謙一郎

発 行 所	新日本法規出版株式会社

本　　社 総轄本部	(460-8455)　名古屋市中区栄1－23－20
東京本社	(162-8407)　東京都新宿区市谷砂土原町2－6
支社·営業所	札幌・仙台・関東・東京・名古屋・大阪・高松 広島・福岡
ホームページ	https://www.sn-hoki.co.jp/

【お問い合わせ窓口】
新日本法規出版コンタクトセンター
📞 0120-089-339（通話料無料）
●受付時間／9：00～16：30（土日・祝日を除く）